DEIN LETZTES WORT

Verliere nie beim Argumentieren

Inhaltsverzeichnis

Über dieses Buch:...1

Lügen...2

Erzählen..9

Streiten, fluchen und argumentieren....................18

Erklären und zuhören......................................28

Ehrlich und direkt...40

Urteilen und denken..50

Logik, Meinungen und Fakten...........................61

Wie geht man mit dem letzten Wort durch den Alltag........72

Über dieses Buch:

Wir kennen es doch alle... Wir erzählen, reden, argumentieren, denken, hören zu, fantasieren, streiten, fluchen und noch vieles mehr. Einige reden mehr und einige reden eher weniger.

Doch hat jemand immer das letzte Wort? Oder kann man immer das letzte Wort haben? Die Antwort lautet, man wird nie immer fehlerfrei argumentieren, aber ja, man kann das letzte Wort haben.

Lügen

Den ersten Punkt, den man vermeiden sollte, wenn man das letzte Wort haben möchte, ist das Lügen. Warum lügen wir eigentlich und ist lügen wirklich immer schlecht?

Nehmen wir ein Beispiel, wo es sinnvoll wäre, zu lügen. Z.B. hat mein/e Kollege/Kollegin bei einer Firma, wo wir zusammen arbeiten, geschummelt. Aber das verletzt gleichzeitig niemandem und ich weiss davon. Der Chef fragt mich, ob sie/er geschummelt hat. Natürlich lüge ich dabei und verneine es. Denn solange es niemanden verletzt, aber durch Schummeln trotzdem die Arbeit erledigt wurde, warum sollte ich sie/ihn dann verpetzen?

Nehmen wir mal an, dass der Chef/in das Schummeln rausbekommt, auch, dass ich davon weiss und mich dann darauf anspricht. Das erste, was man gar nicht tun sollte, wäre, es wieder zu verleugnen. Denn es hat einfach gar keinen Grund und vor allem Sinn, dann weiter zu lügen, weil es schon offensichtlich ist. Wie kann man aber dann vorgehen? Das einzig Richtige wäre es dann, dass man erklärt, warum man gelogen hat und sich dabei entschuldigt. Denn kleine Fehler kommen vor, niemand ist perfekt und solange man zu dem Fehler steht, kann auch niemand mehr was dagegen sagen.

Leider hat sich mein Kollege erwischen lassen. Aber den Beschiss, den er gemacht hat, mache ich eigentlich auch und zwar regelmässig. Wie soll ich nun ab jetzt damit umgehen, ist die Frage. Schwierige Situation würde ich sagen. Solange man niemandem schadet und es wirklich nur eine Kleinigkeit ist, kann man so vorgehen wie immer. Natürlich vorsichtig, wenn man es einschätzen kann und auch mit den Konsequenzen umgehen kann. Wenn es aber der Fall wäre, dass man z.B. auf den Job wirklich angewiesen wäre und schummelt, dann würde ich es lieber sein lassen. Denn auch ohne Schummeln macht der Job Spass, oder?

Na gut, in jedem Job hat man seine Höhen und Tiefen, aber wir kennen doch alle diese Menschen, die meckern: „Ja das kackt mich voll an, diesen Job zu machen, aber so ist halt das Leben,". Oft kommt die Rückantwort dann auch: „Ja verstehe ich, was will man machen. Geld wächst schliesslich nicht von Bäumen,". Sowas in der Art sagen dann die meisten. Die Frage ist aber warum? Und die richtige Antwort oder Frage darauf wäre eigentlich nur: „Warum machst du denn diesen Job?," Oft bekommt man darauf keine richtige Antwort, ausser die Rückantwort: „Okay gute Frage, du hast ja Recht.,".

Okay, zurück zum Thema Lügen. Welche Lügen gehen sonst noch? Oft höre ich von den Leuten, die ansonsten

3

ehrlich sind, dass sie nicht lügen können, wenn sie z.B. bei jemandem Gast sind und falls das Essen nicht schmeckt, nicht sagen können, dass es schlecht schmeckt, weil das nicht anständig wäre. Doch ist das wirklich unanständig, wenn man sagt, dass es leider nicht schmeckt? Also ich hatte solche Situationen zum Glück nie, weil ich beim Thema Essen gar nicht heikel bin, ausser dass ich kein Fleisch esse. Aber das kann man ja direkt sagen, falls man nicht alles konsumiert. Natürlich hat mir nicht alles perfekt geschmeckt, da wo ich eingeladen worden bin, aber zum Glück fragt man ja nicht bei jedem Gang, ob alles gut schmeckt, oder?

Ich hatte mal eine Situation, da bekamen wir ein Dessert. Das Dessert heisst Watalappam und ich liebe es eigentlich.Leider hatte sie es aber mit Kardamom gemacht und schmeckte mir nicht. Darauf fragte sie auch, ob es uns gut schmeckt und ich antwortete darauf, dass ich Cardamom nicht gerne habe, aber dass es ansonsten sehr gut schmeckt. Also zu diesem Thema würde ich einfach sagen, falls es nicht so gut schmeckt, dass man überlegen sollte, was denn gut aussieht und gut schmeckt und es dann nett ausdrücken sollte, falls etwas nicht schmeckt. Natürlich kommt es auch darauf an welche Beziehung man zu den Personen hat, die uns einladen. Falls es sehr enge Leute sind, kann man es natürlich auch direkter sagen.

4

Doch warum lügt man allgemein eigentlich? Da gibt es viele und verschiedene Gründe dazu und jede/r besitzt nicht immer dieselben Gründe. Es gibt sogar auch Menschen, die haben leider Pseudologie. Pseudologie ist eine Krankheit und es sind Menschen, die krankhaft lügen. Somit verurteile ich die Menschen nicht und habe auch keine Meinung dazu, weil ich über dieses Thema nicht viel weiss. Doch es gibt auch Menschen die gut punkten wollen, um sich beliebter zu machen und z.B. schleimen, aber das fällt leider auch auf. Oder zum Beispiel erzählen sie Sachen über sich selbst, die wirklich super klingen, aber in Wirklichkeit stimmt es nicht oder man weiss bereits schon, dass es nicht stimmt. Offensichtlich kommt es dann raus und sie finden keine Worte dazu. Warum sie das alles machen, wenn alles mal rauskommt, wahrscheinlich denken die Personen begrenzt oder ihnen ist es danach vielleicht egal. Mehr weiss ich leider auch nicht.

Oft lügen Menschen aber auch, weil sie niemanden verletzen wollen. Da gibt es einige Beispiele, wie z.B. man macht mit dem/der Freund/in aus der Schule eine Verabredung aus. Aber spontan fragt mein Schwarm mich, ob ich mit ihr/ihm was unternehmen möchte und sage dann dem/der Freund/in ab und begründe, dass ich z.B. Kopfschmerzen habe. Doch am Schluss bekommt mein/e Freund/in es raus und konfrontiert mich damit. Da kann man auch nichts tun, ausser es zu begründen, warum man das gemacht hat und sich zu entschuldigen. Eins von den schlimmsten Dingen ist immer noch, Lügen über jemanden zu erzählen. Das tun meistens die Menschen, die unzufrieden mit sich selbst sind, besser dastehen wollen, aus Langeweile und so weiter. Also, lügen um besser dazustehen, dazuzugehören, aus Langeweile und noch viel mehr, das sind Sachen, die man einfach nicht macht.

Gibt es auch Menschen, die aus Versehen lügen? Ja, das kommt tatsächlich leider oft vor. Leider haben viele nicht so ein gutes Gedächtnis und verwechseln somit auch vieles. Zum Beispiel erzählt mir jemand, Person A hat das über Person C gesagt, aber dabei verwechselt er/sie Person A mit Person B. Also hat eigentlich Person B das erzählt. Oder wir reden z.B. über ein Party Wochenende, das letztes Jahr stattgefunden hat und wir beide waren dabei. Sie/er erzählt es aber jemand anderem, also ein bisschen anders als es war. Das kommt vor, wenn man sich nicht gut daran erinnern kann. Das machen die Leute nicht extra, aber es gibt auch Leute, die es interessanter rüberbringen wollen und die Geschichte dann übertreiben. Das finde ich zwar nicht so schlimm, aber frage mich trotzdem, warum man es nicht lassen kann und es so erzählt wie es wirklich war. Somit entstehen auch Lügen.

Doch wie kann man all die Lügen verhindern? Schliesslich kann es ja unangenehm werden, wenn man weiss, dass man lügt und ich nehme an, dass man nicht als Lügner abgestempelt werden möchte. Falls man aus Versehen lügt, dann wäre es sinnvoller, sich natürlich mehrmals Gedanken zu machen, bevor man etwas erzählt und erst dann redet, wenn man auch weiss, was man redet und ob das stimmt. Oder falls das sehr oft vorkommt, kann man natürlich nicht immer den Mund halten und wenn man Sachen erzählt, wäre es sinnvoller auch zu erwähnen, dass man sich aber nicht zu 100 Prozent sicher ist, ob es so gewesen war. Schliesslich kann man ja nichts dafür, dass man sich nicht an alles erinnern kann. Ausser es ist was sehr Wichtiges, dann geht man natürlich anders vor. Z.B. sagt man etwas aus, was vor ein paar Monaten geschah, dann redet man nicht los, sondern sucht nach Beweisen und nach Hilfe. Erst dann redet man.

Doch was ist mit den Lügen, mit denen Personen berühmt geworden sind und jetzt richtig Kohle machen? Da fällt mir nur fake it till you make it ein. Schwieriges Thema und da hat jede/r seine eigene Meinung. Solange es niemandem schadet und schlussendlich zu dem Spruch steht, dann habe ich nichts dagegen. Falls man Einzelpersonen schadet, sollte man sich schämen. Falls man Grossfirmen schadet, da frage ich mich, ob man Grossfirmen wirklich geschadet hat oder ob man einfach eine Straftat gemacht hat. Falls man alles wieder gut machen kann und dazu steht, dann ist es auch okay. Denn nicht alle Wege sind für jede/n gleich oder einfach. Denn manchmal muss man den falschen Weg gehen, damit man zu dem richtigen Weg kommt. Ansonsten alle andere Lügen, die nicht zu Kleinigkeiten gehören, macht man nicht und gehört dann zu den Leuten, die lügen. Denn willst du eine Diskussion gewinnen? Dann lüge als erstes nicht, sei einfach du selbst und ehrlich.

Erzählen

Welche Arten des Erzählens gibt es denn? Wir können über uns selbst was erzählen bzw. vorstellen, eine Geschichte erzählen, ein Erlebnis erzählen, etwas weitererzählen, einen Witz erzählen usw. Es gibt Sachen, die wahr sind, es gibt Sachen, die frei erfunden worden sind und es gibt auch Gerüchte, die nicht stimmen und weitererzählt werden.

Was und wo erzählen wir eigentlich über uns so? Sich vorzustellen beginnt ab der Schule und sieht überall ein bisschen anders aus. Danach kommen noch weitere Schulen, Vorstellungsgespräche, Castings oder auch neue Familienmitglieder. Doch wie stellt man sich eigentlich vor und kann man da auch Fehler machen? Ja auch hier kann man Fehler machen, und zwar wenn man sich verstellt. Eigentlich ist es ganz simpel. Sei einfach du selbst, erzähle was über dich und was du magst, aber verstelle dich auf gar keinen Fall, denn erst wenn man sich selbst akzeptiert und sich nicht verstellt, kann man auch selbstbewusst rüberkommen und das werden die Richtigen auch wertschätzen. Falls man aber Fragen bekommt wie z.B.: „Wo siehst du dich in 10 Jahren?„ und du weisst es noch nicht, kann man hier ruhig auch die Wahrheit sagen, dass man sich darüber keine Gedanken gemacht hat, falls man es noch nicht weiss.

Doch was ist eigentlich, wenn ich nichts über mich erzählen kann oder es nichts gibt, was ich über mich erzählen kann? Das gibt es nicht. Jede Person kann über sich selbst was erzählen. Wenn jemand Mühe damit hat, dann ist man entweder schüchtern, man denkt nicht nach, man will es nicht, man hat keine Lust darauf. Es gibt verschiedene Gründe dazu. Einige erzählen vieles über sich selbst und einige erzählen nicht viel über sich selbst oder einige erzählen erst vieles über sich selbst, wenn man Fragen gestellt bekommt. Gibt es hier eigentlich richtig oder falsch? Nein, hier gibt es tatsächlich kein richtig oder falsch und jeder Mensch ist zum Glück anders. Hauptsache man erzählt die Wahrheit, ausser man erzählt Geschichten oder Witze. Ich zum Beispiel gehöre zu den Leuten, die erst über sich erzählen, wenn man Fragen gestellt bekommt und bin eher diejenige, die mehr fragt als erzählt.

Wenn man eine Geschichte erzählt von einem Märchen z.B. in der Schule, dann erzählt man natürlich nicht jedes Detail aus dem Buch, sondern das Wichtigste zusammengefasst. Auch hier kommt es manchmal vor, dass man es nicht ganz richtig erzählt, aber bei Geschichten wie Märchen ist es nunmal nicht so schlimm, wie wenn man eine wahre Geschichte ein bisschen anders erzählt, aber dennoch sollte man es versuchen, auch ein Märchen richtig zu erzählen.

Warum sollte man es richtig erzählen? Man sollte es richtig erzählen auch aus Respekt zum/zur Autor/in. Unbedingt auch, dass es später keine Angewohnheit wird, allgemein bei Kommunikation im Alltag und dass es nicht für Verwirrungsorgt, wenn man die gleiche Geschichte in einer anderen Klasse z.B. eigentlich richtig hört. Das gleiche gilt auch bei Vorträgen. Bei Vorträgen handelt es sich meistens um wahre Dokus, aber so wie ich es kenne, korrigieren die Lehrer/innen es am Schluss, wenn man was Falsches erzählt hat. Hoffe mal, dass es überall der Fall ist.

Wie ist es eigentlich, wenn wir unseren Freunden etwas erzählen, wie z.B. was letztes Wochenende zum Schluss passiert ist? Wir kennen ja alle solche Leute, die gerne was übertrieben erzählen oder sogar verdreht, ganz anders oder sogar auch was hineinfügen, was nicht geschah? Zum Beispiel lautet die Geschichte: „Letztes Wochenende waren wir bei einem Event in Zürich draussen und das war voll krass. Wisst ihr, was zum Schluss passiert ist? Da gab es auch ein Konzert, was abgebrochen werden musste, weil ein paar Fans betrunken auf die Bühne gesprungen sind und gekotzt haben. Die nächsten Sänger/innen konnten nicht mehr auftreten.„ Doch die wahre Geschichte lautet eigentlich: „ Letztes Wochenende waren wir bei einem Event in Zürich

11

draussen und das war voll krass. Wisst ihr, was zum Schluss passiert ist? Da gab es auch ein Konzert draussen, was für ein paar Minuten gestoppt werden musste, weil ein paar Fans betrunken auf die Bühne gesprungen sind und gekotzt haben. Danach ging es normal weiter wie vorprogrammiert.„

Doch warum erzählt man etwas nicht genauso wie es geschah? Eigentlich wissen alle Bescheid, wenn jemand etwas nicht so erzählt wie es wirklich war. Denn diese Personen erzählen und reden im Allgemeinen so. Doch wissen diese Personen, die es tun auch, dass alle Bescheid darüber wissen? Ja, das wissen sie, zumindest tief innen wissen sie das. Doch warum sind sie denn dann immer noch so? Eigentlich eine sehr gute Frage. Die Frage habe ich wenigen Leuten auch schon gestellt. Die Antwort lautet dann meistens, dass es mehr Aktion gibt oder dass es interessanter rüberkommt. Oder auch hier gibt es Personen, die es nichtmal extra machen und es entweder hineinfantasieren oder es verwechseln. Die Personen, die es nicht extra machen, können auch nichts dafür und ich finde es auch nicht so schlimm, aber wie ich es immer sage, sollte man mehrmals nachdenken und auch unbedingt erwähnen, dass man sich nicht ganz sicher ist, ob das wirklich so passiert war. Alles andere wären dann Gerüchte, die man verbreitet.

Doch was genau ist jetzt so schlimm daran? Je nach

Thema, was man andersrum erzählt, kann mehr oder weniger sogar schlimm enden. Auch wenn man es sogar richtig erzählt, sollte man dennoch unbedingt auch darauf achten, dass man es nicht in der Öffentlichkeit erzählt, z.B. in einem Restaurant, wo andere Fremde in der Nähe sitzen. Denn es kommt sogar öfters vor, dass die Fremden dann auch zuhören und zufälligerweise z.B. eine Person kennen, die man im Gespräch erwähnt hatte. Da weiss man sogar nicht mal, ob die fremde Person es dann der Person, die man im Gespräch erwähnt hat, richtig sagt, was wir über sie gesprochen haben. Ansonsten wenn man ein Erlebnis oder sonst was nicht genau erzählt, wie es war, dann wäre das Schlimme daran, dass man die Person nicht ernst nehmen kann, im schlimmsten Fall sogar bei ernsteren Themen. In der Öffentlichkeit sollte man sowieso vorsichtig vorgehen. Es kann für Verwirrung sorgen und je nachdem noch für vieles mehr.

Gibt es schlimmere Themen, wie wenn man ein Erlebnis nicht genau richtig erzählt? Ja, und zwar über eine andere Person was weitererzählen, sogar falsch weitererzählen und Geheimnisse weiterzuverbreiten. Was versteht man unter Geheimnisse weiterzuverbreiten? Bei Geheimnissen gehören Geschäftsgeheimnisse dazu, Geheimniss von einem/einer Freund/in, Familie, Bekannte, Partner/in oder auch von uns selbst. Es gibt Geheimnisse, darüber geben die Personen uns Bescheid, dass wir es nicht weitererzählen dürfen und es gibt Geheimnisse, darüber geben die Personen uns nicht Bescheid, dass wir es für uns behalten sollen, aber es ist selbstverständlich, dass wir es nicht weitererzählen dürfen. Ist es allgemein falsch, Geheimnisse weiter zu erzählen? Nein, eigentlich gar nicht, denn es kommt immer darauf an, was man weitersagt und was nicht. Allgemein bei Geschäftsgeheimnissen sollte man es natürlich nicht weitererzählen. Denn das hat mit Respekt zu tun und kann echt in die Hose gehen, wenn man es jemandem erzählt und es dann plötzlich viele wissen. Es kann sogar zu Kopien führen.

Welche Geheimnisse erzählt man denn weiter? Also wenn ich z.B. Single wäre und mich seit Monaten regelmässig mit jemandem treffe, aber dann herausfinde, dass diese Person eine/n Freund/in hat, dann spreche ich zuerst das Thema mit der Person an, mit der ich mich treffe. Er/sie erzählt mir aber von der Beziehung und bittet mich, dass ich es nicht weitererzählen soll. Halte ich dann mein Versprechen? Nein, natürlich nicht und klar schreibe ich die Person dann z.B. auf Instagram an und lass es sie/ihn wissen, dass der Partner eigentlich sie/ihn betrügt. Natürlich mit Beweisen und gehe dann auch schlau vor. Was er/sie aber danach macht, ist dann nicht meine Sache und sorge auch dafür, dass ihre oder seine Partner/in es nicht verleugnen kann. Ansonsten wissen wir eigentlich alle mit einem gesunden Menschenverstand, was man weitererzählt und was nicht. Falls man mal aus Versehen was weitererzählt, was man nicht sollte, dann entschuldigt man sich bei der Person und sagt auch, dass man es nicht wusste, dass man es für sich selbst hätte behalten sollen.

Auf was sollte man noch achten beim Thema Geheimnisse? Wir alle haben es doch schon getan. Versprochen zu haben, es niemandem zu erzählen, aber haben es trotzdem unserem/unserer besten Freund/in erzählt und noch gesagt, behalte es aber für dich. Ist das eigentlich falsch? Schwieriges Thema eigentlich, es ist auf jeden Fall nicht richtig, aber auch nicht falsch. Es kommt wirklich darauf an, wie tief das Geheimnis ist und ob z.B. meine beste Freundin mit dem Umfeld der Person bekannt ist, das Thema kennt und ob sie mit der Person auch befreundet ist, die es mir erzählt hat. Falsch ist es dann, wenn man das Geheimnis eines/einer Freund/in jemandem erzählt, wie z.B. meiner Cousine und sie tut das gleiche und erzählt es ihrer Schwester, sagt dann auch, dass sie es niemandem erzählen darf. Aber das Geheimniss geht dann von Schritt zu Schritt weiter an Familienmitglieder. Da sollte man echt vorsichtig sein und sich auch Gedanken machen, dass es nicht rumgeht plus natürlich auch nur den Leuten anvertrauen, die es wirklich nicht weitersagen.

Wie sieht es mit Gerüchten aus? Gerüchte gibt es leider immer wieder. Sogar von uns selbst, die man nicht mal kennt. Ja, da fragt man sich manchmal wirklich, ob man heulen oder lachen soll. Wenn man heulen soll, dann wegen den Personen, die es glauben, rumerzählen und vor allem wegen der Person, die es erfunden hat. Grund dafür wären natürlich Dummheit, Unzufriedenheit und kein Schamgefühl der Personen, die das Gerücht verbreiten. Wie soll man da eigentlich reagieren? Das Erste, was man nicht tun sollte, wäre es, sich darüber lange aufzuregen und daran zu zerbrechen. Es gibt Gerüchte von uns, von denen wir nicht wissen, dass es Gerüchte gibt und das sind dann auch nicht unsere Probleme, sondern Probleme der anderen und es gibt Gerüchte, da spricht uns mal jemand an z.B.: „Hey verkaufst du eigentlich immer noch Drogen? Letztes Jahr hattest du auf dem Pausenhof gedealt, habe ich gehört.,, Wie geht man hier eigentlich vor? Als allererstes mag man zwar schockiert sein, aber fragt dann sofort: „Ah, gehört ja. Woher willst du denn wissen, ob das auch stimmt?,,

Lass mich raten. Es gibt natürlich keine richtige Antwort zurück. War klar. Wenn man nichts zu verbergen hat und im

Rechten ist, dann haben wir das letzte Wort. Wie gehen wir aber vor, wenn z.B. mein/e Partner/in mich wegen einem Gerücht blockiert hat bevor er/sie mich darauf angesprochen hat? Auch das wäre eigentlich nicht unser Problem, sonderndas der anderen, die beteiligt sind und mal ehrlich, ein/e reife/r Partner/in würde es nicht sofort glauben und mich darauf ansprechen. Auch im Allgemeinen, wenn es um Gerüchte geht oder uns jemand etwas über jemand anderen erzählt, man hört nie immer nur eine Seite an und wenn es keine Beweise gibt bei schlimmeren Gerüchten, dann bleibt es ein Gerücht. Haben wir nicht alle schonmal was gehört und weitererzählt? Ja, haben wir. Ich zum Beispiel habe es auch schon weitererzählt, falls das Thema wirklich nicht schlimm war, aber mehrmals auch erwähnt: „Aber ich weiss nicht, ob das stimmt, kann auch nur ein Gerücht sein,". Wenn man 1 Gerücht dem besten/der besten Freund/in erzählt, dann auch unbedingt erwähnen, dass man nicht weiss, ob es stimmt.

Streiten, fluchen und argumentieren

Wir alle streiten, fluchen und argumentieren. Wobei Argumentieren gut ist. Gute Argumentation kommt erwachsen und stark rüber. Sind streiten und fluchen auch gut? Streiten ist normal und gehört einfach dazu, ob man es möchte oder nicht. Fluchen hingegen muss eigentlich nicht gerade sein. Kommt auch darauf an, welche Fluchwörter man verwendet, es gibt sehr schlimme bis harmlose Fluchwörter oder Schimpfwörter.

Warum oder wo flucht man eigentlich? Fluchen tut man meistens, während man streitet . Kann aber auch während des Autofahrens vorkommen, bei Selbstgesprächen, wenn man über jemanden spricht. Man kann es kommentieren, aber meistens sieht man es während eines Streits. Fluchen tut man meistens, wenn man sich richtig aufregt und vor Wut. Kommt aber auch vor, wenn man was sieht oder jemanden sieht, der nicht unseren Vorstellungen entspricht. Doch meint man es dann auch so, wie man sich ausdrückt? Meistens nicht und oft sind es eher die Emotionen, die mitspielen. Ist fluchen nicht normal? Je nachdem wie man sich ausdrückt. Z.B. streite ich mich mit jemandem und die Person hat aber noch eine andere Person dabei, die sich einfach einmischt und das nicht nur einmal. Während ich rede, spricht sie z.B. zum 3.

mal rein. Dann kann es vorkommen, dass ich mal „Halt die Fresse und lass die Leute mal aussprechen„ rauslasse. Klar, man kann sich netter ausdrücken, aber finde sowas in so einer Situation echt nicht schlimm. Irgendwann platzt man einfach. Doch was ist mit den Fluchwörtern wie „du Hure„? Egal, mit wem man sich streitet, in welcher Situation, das sind Wörter, die man nicht benutzt oder ist alles andere als erwachsen. Ausnahmen für schlimmere Ausdrücke sind natürlich, wenn man es über schlimme Menschen wie z.b. bei Pädophilen, Vergewaltigern, Amokläufern usw. sagt. Also bei Personen, die wirklich nicht existieren sollten. Bei oder über alle anderen sollte man nicht kräftigere Ausdrücke verwenden. Doch was, wenn jemand mich z.B. „Hure„ nennt, während eines Streits? Es gibt Leute, die fluchen einfach stattdessen zurück. Auch wenn jemand mich anflucht, muss ich deswegen doch nicht auf dasselbe Niveau runtergehen. Das heisst aber nicht, dass ich die Fluchwörter komplett ignoriere oder dass ich mir es gefallen lasse, sondern dann stelle ich z.B. eine Frage oder sage dazu: „ Wow du bist ja richtig erwachsen. Warum bin ich jetzt denn eine Hure?„ Eine richtige Antwort kommt da natürlich nicht zurück.

Falls jemand uns mit Fluchwörtern beschimpft, dann ist es nicht unser Problem, denn das kommt vor, wenn man keine Argumente mehr hat. Wie bekomme ich das letzte Wort bei einem Streit? Erster Punkt, fange keinen Streit an. Diskussionen kann man anfangen, aber nie einen Streit. Wenn es zu einem Streit kommt oder eine normale Diskussion geführt wird, dann soll man die gegenübersprechende Person immer ausreden lassen, etwas lauter und selbstbewusst sprechen, immer konstruktiv bleiben, nie lügen und auch Fragen stellen. Oft streitet man sich nur wegen Missverständnissen. Mit wem streitet man eigentlich? Wir streiten uns mal mit den Eltern, Geschwistern, Partnern, Freunden oder sogar mit Personen, die aus purem Neid draussen, z.B. bei einem Event, Stress anfangen. Falls man aber bei etwas Schuld hat und die Person stellt mich zur Diskussion, dann entschuldige ich mich natürlich deutlich oder wenn die Person Recht hat bei einem Thema, dann gebe ich der Person natürlich auch Recht und erwähne es auch, dass sie Recht hat. So kann es zu keinem Streit mehr kommen.

Was, wenn mich eine Person hin und wieder mal an einen Fehler erinnert, den ich mal gemacht hatte in der Vergangenheit, obwohl ich mich dazu geäussert hatte, mich entschuldigt hatte und deutlich Einsicht zeigte und sogar dazu stehe? Dann soll normalerweise ja Schluss sein mit dem Thema und die anderen haben nichts mehr zu sagen? Ja, wenn man zum Fehler stehen kann, dann kann tatsächlich niemand mehr etwas dazu sagen, aber es gibt noch diese

Leute, die z.B. sagen: „Weisst du noch, vor ein paar Jahren hast du mich beim Ex von Anna verraten, obwohl ich gar nichts falsches gemacht hatte„. Wie reagiert man da eigentlich, obwohl ich mich entschuldigt hatte? Ich z.b. hatte auch so eine Situation und antwortete: „Ja ich weiss. Und jetzt? Ich hatte mich deutlich entschuldigt und gesagt, dass es ein Fehler war, zeigte wirklich Einsicht. Was willst du noch und warum wirfst du mir es jetzt schon wieder vor?„ Danach kam als erstes ein Stottern von der Person und sie bekam kein normales Wort raus. Zeigt man Einsicht, dann kann sich niemand mehr gegen dich wenden, solange sie noch im Kontakt zu dir stehen. Falls ein vergangenes Problem immer noch stört, dann können sie den Kontakt abbrechen und gehen. Ist dann aber auch nicht mehr unser Problem.

Kommen wir mal tiefer zum Thema Argumentieren. Wo argumentieren wir überall? Argumentieren kommt schon ziemlich überall vor und wir alle möchten wahrscheinlich auch gut argumentieren können. Es gibt Leute, die argumentieren sehr gerne, es gibt Leute, die argumentieren gar nicht gerne, es gibt Leute, die möchten zwar gut argumentieren, aber können es nicht so gut und es gibt Leute, die denken, dass sie gut argumentieren können, aber es ist nicht der Fall. Charakterlich ist man hier auch verschieden. Stimmt es, dass die Leute am besten argumentieren können, die am meisten reden und direkt sind vom Charakter her? Nein das stimmt nicht. Nur weil man viel redet, heisst es noch lange nicht, dass man gute Argumente bringt und nur weil man direkt ist, heisst das noch lange nicht, dass man ehrlich ist. Stimmt es, dass schüchterne Personen gar nicht gut argumentieren können? Nein das stimmt auch nicht. Sie kommen vielleicht so rüber als könnten sie nicht gut argumentieren, aber es kommt oft vor, dass sie es besser können als die Personen, die viel reden. Ausserdem sind sehr viele, die schüchtern waren, jetzt selbstbewusst. Oft denken die Leute, nur weil man nicht viel redet, dass man direkt schüchtern wäre.

Welche Personen sind eigentlich schüchtern? Meistens sind es Kinder und Teenager. Bei erwachsenen Personen habe ich es noch nie gesehen. Was man bei Erwachsenen sieht, sind introvertierte Menschen. Introvertierte Menschen sind nicht alle schüchtern und schüchterne Menschen möchten eigentlich nicht schüchtern sein. Doch warum ist man schüchtern? Da gibt es verschiedene Gründe. Schüchternen Menschen fehlt das Selbstbewusstsein, aber das heisst nicht, dass sie sich nicht toll finden. Einige erfahren Mobbing, andere fühlen sich nicht ernstgenommen, man ist z.B. unzufrieden mit sich selbst und noch weitere Dinge. Doch das Gute daran ist, mit der Zeit geht Schüchternheit mehr oder weniger weg. Bei einigen dauert es ein bisschen und bei einigen passiert es schneller als man dachte. Verlieren schüchterne Menschen gegen extrovertierte Menschen? Kommt darauf an, wie die extrovertierten drauf sind. Es gibt ganz viel unterschiedliche Charaktere bei extrovertierten und auch bei introvertierten Menschen. Es gibt die, die sehr viel und überall reden und laut sind, aber wenn sie mal eine Diskussion mit jemandem haben, kommt es vor, dass sie nicht konstruktiv bleiben. Dann hat man bereits verloren und auch Schüchterne können dagegen gewinnen.

Wie gewinnen denn schüchterne Personen gegen jemanden, der laut ist und viel redet? Es sind nicht alle laute Menschen so, aber oft hat es solche, die während einer Diskussion z.B. fluchen oder nicht wissen, über was sie eigentlich sprechen, weil sie Vorurteile haben und nicht immer richtig einschätzen können. Als Beispiel nehmen wir mal eine Person, die zwar schüchtern ist, aber gleichzeitig auch ehrlich und eine Person, die laut ist und viel redet. Beide sind in einer Ausbildung als Verkäufer/in bei einem Schuhladen. Die laute Person kommt mit der schüchternen Person nicht klar, ist der Meinung, dass die ruhige Person fehl am Platz ist und macht sie/Ihn dann auch runter. Es kommt so weit, dass beide im Büro bei der Chefin landen und es kommt zu einer Aussprache. Bei der Aussprache müssen beide etwas sagen und die schüchterne Person fühlt sich gezwungen zu sprechen. Die laute Person sagt dazu: „Ja tut mir leid, dass ich es so sage, aber offensichtlich sind wir beide ganz unterschiedlich und eine ruhige Art kommt halt beim Verkauf nicht gut an. Es verschreckt doch nur die Kunden,,. Die schüchterne Person sagt dazu: „Ja ich bin leider schüchtern, aber ich bin froh, dass ich trotzdem eine Chance bekommen habe und die Arbeit mache ich ja richtig, begrüsse alle herzlich und berate die Kunden auch wie sie es wollen,,.

Die Chefin ist übrigens auch eine sehr offene Person mit einem gesunden Selbstbewusstsein und sagt am Schluss: „Das ist richtig. Er/sie ist eher schüchtern, aber öffnet sich langsam. Ich war früher übrigens auch schüchtern. Nur weil man schüchtern ist, heisst es noch lange nicht, dass man nicht als Verkäufer/in arbeiten möchte. Ausser der ruhigen Art hat sie/er alle Anforderungen, bringt auch die Leistung, ist über alles richtig informiert und hilft den Kunden auch,,. Doch warum hat die/der offene Ausbildner/in eigentlich behauptet, dass die/der schüchterne Ausbildner/in fehl am Platz ist, obwohl ja nichts Schlimmes bei der Arbeit passiert ist? In Wirklichkeit sind es nur Vorurteile und leider fantasieren sie sich das auch oft zusammen, dass man Leistung als Schüchterne nicht bringen kann. Doch arbeitet man als extrovertierte Person besser? Nein, nicht immer. Es gibt exrovertierte, die besser arbeiten und es gibt auch ruhige Menschen, die auch besser arbeiten können. Es kommt auch vor, dass eine sehr offene Person bei der Kundenberatung zu viel und pausenlos redet, dazu auch sogar falsche Info gibt. Das kann den Kunden eher abschrecken.

Kann man eigentlich bei einer Diskussion oder einem Streit sich von jemand anderem mitziehen lassen und wie reagiert man darauf dann? Ja, das kann man und es kommt oft vor. Es gibt Diskussionen/Streitigkeiten, in die mischt man sich sogar freiwillig ein, oder man will nicht mit einbezogen werden, aber ist dann drinnen. Bei welchen Diskussionen mischt man sich eigentlich ein und ist das überhaupt richtig? Ja und Nein. Wenn man z. B. mit dem/der besten Freund/in unterwegs ist, aber es kommt dann eine/r von der Ecke mit 2 Freunden zu uns die/der mal mit meiner besten Freund/in befreundet war und einfach so Streit anfängt, dann bleibt man selbst nicht einfach ruhig, obwohl man mit der Sache nichts zu tun hatte. Klar, man sollte sich immer 2 Seiten anhören, aber in dem Fall kann man Argumente bringen wie z.B.: „Keine Ahnung, was früher passiert ist, aber wie kommst du auf die Idee und wie verzweifelt musst du sein, nach 5 Jahren einfach zu uns zu kommen und Stress anzufangen?„ Eine richtige Rückantwort wird nicht kommen, aber im schlimmsten Fall werden die 3 Personen sich weiter kindisch verhalten und dann andere Themen aus Neid und Langeweile bringen oder uns bedrohen. Man kennt ja solche Leute, die sogar uns dann am liebsten verprügeln wollen.

Kann man Handgreiflichkeit verhindern? Ja, das kann man mit einem sehr guten Selbstbewusstsein und man sollte keine Angst davor haben. Denn warum sollte man Angst haben? Wenn man nichts falsches gemacht hat, dann gibt es auch keinen Grund, Angst zu haben und kann mit guten Argumenten und Selbstbewusstsein viel senden. Doch was ist denn, wenn sie doch auf uns mit Gewalt losgehen. Gewalt ist strafbar, aber zurückzuschlagen ist zum Glück nicht strafbar. Ausserdem ist die Wahrscheinlichkeit aber sehr gering, dass sie dann gewalttätig werden, wenn wir gut argumentieren können, vor allem in der Öffentlichkeit wird das eher nicht passieren.

Wo sollte man sich nicht einmischen? Wenn z.B. am Arbeitsplatz einige Mitarbeiter über eine/n Kollegen/in lästern und mich ins Gesprächeinbeziehen wollen, dann lasse ich mich einfach nichteinbeziehen, indem ich keine Meinung dazu habe. Ausser es kommt öffentlich zum Mobbing und alle bekommen es mit, dann mache ich natürlich meinen Mund auf und stelle mich natürlich auf die Seite der gemobbten Person. Man muss nur wissen, was man sagt, damit alle dann endlich Ruhe geben.

Was ist, wenn ich irgendwo einbezogen werde und schon im Thema bin, obwohl ich es nicht möchte? Wenn man das nicht möchte, aber drin ist, dann hat man wohl was verheimlicht und muss halt dazu stehen oder ich bin unschuldig und es sind nur Behauptungen. Als Beispiel baut meine Freund/in Scheisse bei einer Firma, in der wir zusammen arbeiten. Ich weiss von der Sache, die er/sie gemacht hat, aber werde dann mitbeschuldigt. Im besten Fall nimmt er/sie mich in Schutz und kann es klären. Falls er/sie es nicht klärt und ich werde immernoch beschuldigt, obwohl es nicht stimmt, werde ich zwar wütend, aber mache mir da keine Sorgen. Denn Beweise gibt es dafür nicht, dass ich beteiligt bin und es wäre Verleumdung. Dann kläre ich das halt und gehe schlau vor, falls nur eine Diskussion ausreichen würde. Falls nicht und der/die Chef/in will Beweise, aber ich habe keine.. Wenn ich keine Beweise habe, dann hole ich mir halt die Beweise. Natürlich nur wenn es sein muss.

Erklären und zuhören

Erklärungen und Zuhören sind auch Sachen, die zum Alltag gehören und auch da gibt es verschiedene Richtungen. Erklären kommt oft in der Schule vor, Ausbildungen, Kurse, Aufklärung über ein Thema, Wegerklärungen. Erklären, warum man das nicht macht und so weiter. Zuhören machen wir täglich, wenn wir kommunizieren, einen Film anschauen, Dokus, Videos anschauen und auch hier gibt es mehr. Solange man alles richtig erklärt und erklärt bekommt, ist das gut. Auch beim zuhören ist es wichtig, richtig zuzuhören, indem man jemanden aussprechen lässt und auch in Gedanken nicht irgendwo anders ist.

Was machen wir eigentlich öfters? Hören wir eher mehr zu oder erklären wir eher oder werden wir über was aufgeklärt? Hören kommt tatsächlich am meisten und auch täglich vor, auch wenn man den ganzen Tag z.b. zuhause im Bett liegt und niemand redet oder nicht mit dem Handy beschäftigt ist. Zumindest hören wir dann Vögel draussen und den Wind. Wichtig sind dennoch beides, zuhören und erklären. Auch hier gibt es Menschen, die nicht immer zuhören möchten. Wahrscheinlich hatten wir alle mal keine Lust, zuzuhören. Ist es eigentlich respektlos, nicht zuzuhören? Es kommt halt immer darauf an und wo man ist.

In der Schule z.B. kommt es immer wieder mal vor, dass man auf ein Fach keine Lust hat und nicht immer zuhört oder man kann auch zuhören aber dann wieder rauslassen. Hier rein und beim anderen Ohr raus. Jedoch unterschätzt man aber auch das zuhören. Auch wenn man keine Lust auf ein Thema hat und vor allem wenn man jung ist, realisiert man es auch nicht direkt, ob das wichtig ist oder nicht. Wichtig wäre es aber dennoch, schon richtig zuzuhören. Im schlimmsten Fall kann es richtig unangenehm werden, wenn man Rückfragen bekommt, nachdem man hätte zuhören sollen. Doch was ist, wenn uns unwichtige Sachen erzählt werden und es nicht nötig wäre zuzuhören?

Gibt es eigentlich unwichtige Sachen, wo wir zuhören sollen? Mehr oder weniger gibt es wichtige Sachen, aber es kommen auch oft Sachen vor, womit man in der Zukunft nichts anfangen kann und wirklich Aufklärungen gebraucht hätten, die uns auch was bringen. Ab und zu sind einige Themen in der Schule nur gut zum mitmachen und für die Entwicklung, mehr aber auch nicht. Kommt aber auch auf die Zukunft der Person an. Nicht nur in der Schule passiert es, dass man mal nicht zuhört, es kann überall vorkommen und man macht das nicht immer extra, dass man nicht zuhört. Als Beispiel arbeite ich als Promotorin für Kaffee und es kommt jemand zum degustieren, aber erzählt mir seine

Lebensgeschichte oder sonst irgendwas. Ich merke, die Person redet schon über 10 minuten pausenlos. Da kann es schnell passieren, dass man nicht mehr zuhört und es wäre sogar nicht falsch, wenn man die Person sogar unterbricht. Bei dem Thema kann man ruhig mal das Gespräch unterbrechen und höflich sagen, dass man keine Zeit dafür hat und man weiterarbeiten muss. Ab diesem Punkt hört es auch auf und an einem öffentlichen Platz/Laden kann auch nicht sehr viel passieren.

Vor allem gibt es auch Personen, die eher leise sprechen und da muss man halt öfters nachfragen. Es gibt aber schon Personen, die es dann hören, es gibt aber auch Personen, die hören es auch nicht beim 2. mal. Wenn der/die gegenüberstehende Person leise spricht, kann man auch ruhig mal sagen, dass sie/er etwas lauter sprechen sollte. Schlussendlich sind wir alle anders bei der Lautstärke. Warum sprechen einige Menschen eher leise und die anderen etwas lauter? Oft denkt man, wenn einige leise sprechen, dass sie eher zurückhaltend sind und die Menschen, die lauter sprechen extrovertiert sind. Doch nicht alle, die etwas leise sprechen, sind zurückhaltend und nicht alle, die etwas lauter sprechen, sind extrovertiert. Es gibt auch Menschen, die etwas leiser sprechen, aber dafür viel mehr als z.B. jemand, der/die ziemlich laut spricht und nicht alle, die laut sprechen, reden gleichzeitig sehr viel. Es gibt viele, die nicht so viel reden, aber das heisst auch nicht, dass sie zurückhaltend sind. Manche Menschen sind introventiert und auch extrovertiert. Manche erzählen lieber viel und manche hören lieber zu, was erzählt wird. Ansonsten ist beides wichtig für den Alltag.

Ist es eigentlich schlimm, wenn man nicht richtig zugehört hat, z.B. wenn ein/e Freund/in mir unterwegs was erzählt hat? Solange man die Person aussprechen lässt, ist es schon mal gut. Es kann jedem mal passieren, dass man nicht richtig zugehört hat und man kann ja ganz normal nachfragen, was die Person gesagt hat. Die meisten nehmen es nicht mal übel. Es gibt zwar Leute, die sich aufregen, aber eher sehr selten. Das soll einem auch nicht Angst machen und ist einfach ein Tick von der Person, die sich darüber aufregt, dass man mal nicht richtig zugehört hat. Jede/r hat ja andere Ticks. Was, wenn jemand was erzählt und ich keine Lust habe zuzuhören? Kommt immer auf die Situation drauf an. Wenn man z.B. bei einem Festival als Pärchen unterwegs ist und gleichzeitig mit der besten Freund/in plus ihr/seine Partner/in, dann ist man zu 4 unterwegs. Danach treffen wir aber noch andere Freunde von uns und die Gruppe wird immer grösser. Wenn jemand in der Gruppe was erzählt, hören meistens nicht alle zu, also ist es nicht schlimm, wenn man nicht zuhört. Wenn meine beste Freundin mir was erzählen will, ist es klar, dass, ich dann immer zuhöre und auch gerne zuhöre. Zumindest bei den engsten Leuten hört man immer zu.

Hört man bei den engsten Leuten immer gerne zu? Es gibt Themen, die spannender sind und es gibt Themen, die weniger spannend sind. Wenn man mit dem/der Partner/in zusammen wohnt, ist es klar, dass man nicht immer was zu erzählen hat oder wenn man mit der Familie wohnt. Wenn man mit jemandem verabredet ist, z.B. mit einem/einer guten Freund/in aus der Schule, dann erzählen wir uns mehr oder weniger was und hören zu. Tatsächlich aber gibt es Personen, die was mit dem/der Freund/in unternehmen und sich langweilen. Eigentlich hat man ja Freunde, weil man die mag und amüsant findet. Warum gibt es aber Personen, die sich mit uns verabreden, aber sich langeweilen und z.B. sagen: „Erzähl doch mal was interessanteres„. Solche Sachen kommen eher bei den Teenagern vor. Das heisst nicht unbedingt, dass man uns als Person langweilig findet, denn irgendetwas müssen wir ja haben, dass die Person mit uns was unternehmen möchte. Ansonsten ist es nicht unser Problem, wenn die Person, mit dem wir uns treffen, sich langeweilt. Falls das aber öfters vorkommt, sollte man unbedingt fragen: „wenn du behauptest, dass ich nicht viel interessantes erzähle, warum willst du dann mit mir was unternehmen?„ Schlussendlich kann man sich ja seine Freunde aussuchen.

Nehmen wir mal an, ein/e Freund/in kommt zu uns und weint über den/die Ex. Dass, was wir als erstes tun, ist zuzuhören. Denn bei solchen Themen redet und erklärt man ja oft, warum die Person darüber hinwegkommen sollte, falls die Person keine Schuld daran hat. Falls der/die Ex unseren Freund/in betrogen hat und öfters mit anderen Männern/Frauen flirtet, dann ist es klar, dass wir sagen, er/sie soll darüber hinwegkommen. Ganz wichtig ist es aber, dass man eine gute Erklärung hat, warum man das sollte. Denn ansonsten bringt es nicht viel. Das heisst aber leider nicht, dass die gute Erklärung immer umgesetzt wird. Dann ist es aber auch nicht unser Problem und man hat die Leute ja gewarnt. Man kann folgendes sagen und erklären: „Schau mal, ein/e vernünftige/r Mann/Frau würde sowas nicht tun. Dass er/sie dich liebt, kann sein, aber denk doch mal logisch und erkenne deinen Wert. Mal ehrlich, es ist ja auch beschämend wenn man hinter so einer Person herrennt und selber den Wert verliert oder? Seit der Beziehung fühlst du dich eigentlich nicht mal so wohl. Obwohl du ihn/sie liebst.Du weisst ganz genau, dass es Personen da draussen gibt, die dich wertschätzen und glaub mir, wenn du jetzt loslässt mit einer guten Einstellung, dann wirst du dich innerlich viel freier fühlen.

Erklärungen oder Aufklären sind im Alltag sehr wichtig und dadurch lernt man täglich mehr. Es fängt dort an, wo man realisiert, dass man lebt. Vor allem Kinder brauchen gute Erziehung und dafür braucht es Aufklärung, was richtig und falsch ist. Vor allem wissen Kinder nicht immer, was sie tun und leider kommt es aber oft vor, dass man mit den Kindern schimpft oder die Kinder auch einen Klaps bekommen. Doch was genau bringt das den Kindern? Es bringt vielleicht, dass die Kinder das nie wieder machen, was sie gemacht haben, aber nicht weil sie aufgeklärt sind, warum man es nicht macht, sondern aus Angst vor den Eltern. Doch warum sollte man Angst vor den eigenen Eltern haben? Respekt ja, aber Angst ist nie gut und dadurch führt man zu den Eltern auch keine gute Beziehung. Man sollte die Kinder nie anschreien, wenn sie was dummes machen, sondern man sagt ihnen, dass sie das nicht tun sollen und erklärt ihnen dabei, warum sie es lassen sollen. Als Beispiel bekleckert mein Kind die Wände mit Tomaten. Als erstes kann sein dass man sich genervt fühlt und denkt „oh shit bitte nicht„. Es kann sein, dass man etwas lauter wird, aber man erklärt dem Kind am besten auf Augenhöhe und könnte auch dazu sagen: „So, jetzt muss das aber gereinigt werden. Am besten hilfst du mir, es mit dem Lappen sauber zu machen, okay? Danach backen wir zusammen Muffins.

Gibt es nur Aufklärungen von Eltern zu Kindern? Nein, natürlich nicht, denn man kann von allen etwas lernen, egal welches Alter oder von Menschen oder von Tieren. Auch die Eltern können vieles von den Kindern lernen. Es gibt Eltern, die ziehen ihre Kinder sehr gut auf und es gibt Eltern, die ihre Kinder nicht gut erziehen oder sogar komplett falsch erziehen. Das sagt aber nichts über die Zukunft aus. Auch Kinder, die nicht so Glück hatten mit den Eltern können in Zukunft sehr gut sein, ganz anders als die Eltern und erfolgreich. Mit komplett falscher Erziehung meint man z.B. wenn man als Eltern Entscheidungen für die Zukunft der Kinder trifft anstatt die Kinder selber zu entscheiden lassen. Oder wenn man vieles verbietet, was eigentlich völlig normal ist, auch ab 18 Jahren. Komischerweise haben die Eltern, die vieles verbieten auch keine richtige Erklärung dafür, weshalb oder kommen mit dem Ruf als Erklärung. Doch zu was es führt, ist nichts Positives. Meistens werden dann die Kinder scheinheilig und verbergen vieles vor den Eltern. Eigentlich traurig, denn das kommt einem so vor, als hätte man noch ein anderes Leben, wo die Eltern nichts von wissen. Falls mal was richtig Schlimmes passieren sollte, braucht man dafür je nach Situation die Eltern, aber stellt euch vor, aus Angst will man es nicht den Eltern erzählen und trifft schlimmere

Entscheidungen.

Doch nicht alle Kinder, die keine gute Erziehung hatten, werden so. Manche sind schlau und bringen durch gute Argumente die Eltern zur Einsicht. Dauert wahrscheinlich ein bisschen, bis Eltern sich das angewöhnen, aber sie verstehen es langsam und lernen dazu. Manche Eltern ändern sich leider nie und die Kinder treffen dann Entscheidungen für die Zukunft und trennen sich von den Eltern, was auch verständlich ist. Gibt es auch toxische Lehrer/innen? Ja leider, früher gab es das leider nicht selten und in der heutigen Zeit gibt es sowas leider auch. Gerade auch in der Schule sind Aufklärungen wichtig und bis heute mangelt es an richtiger Aufklärung. Man hört sogar Sachen wie z.B. aus der wird nichts oder wenn man sich nicht für eine Ausbildung entscheidet, hat man keine Zukunft usw. Denn nicht alle haben vor, normal arbeiten zu gehen, andere haben auch Ziele, sich selbstständig zu machen. Doch was macht man, wenn das der Fall ist bei unseren Kindern? Schule ist gut für die Entwicklung. Es gibt auch gute Lehrer/innen oder Sozialarbeiter/innen. Bei Problemen kann man sich auch an Lehrer, denen man vertraut und bei denen man sich wohlfühlt, wenden oder an Sozialarbeiter. Natürlich auch an die Elternm bestenfalls. Wir als Eltern sollten gut darauf achten, dass alles ok ist und das Verhalten der Kinder beobachten, wenn sie nach Hause kommen.

Nicht immer und nicht bei jedem Kind erfährt man sofort, was los war in der Schule und deshalb ist Kommunikation wichtig, z.B. zu fragen, wie es in der Schule war. Wichtig ist es vor allem nicht anzuschreien, wenn man schlechte Noten nach Hause bringt, sondern stattdessen kann man mal mit dem Kind zusammen sitzen und anschauen, warum er/sie schlechte Noten bekommen hat. Vor allem auch zusammen üben und die Aufgaben erklären. Es gibt wichtige Fächer in der Schule. Gerade Mathematik und Deutsch finde ich am wichtigsten. Alle anderen Fächer sind auch wichtig, doch nicht alle werden für die Zukunft gebraucht. Was ist, wenn mein Kind in der Schule gemobbt wird? Mobbing wird leider unterschätzt und die Schulen machen fast nichts dagegen. Nicht alle Mobber haben schlechte Erziehungen genossen, es gibt auch Mitläufer/innen. Wichtig ist es, dem Kind früh beizubringen, was Mobbing bedeutet und erklären, warum man das nicht machen sollte. Es ist auch wichtig aufzuklären, dass man Mobbingopfern hilft. Denn es gibt keinen Grund dafür, warum man sowas unterstützt und deshalb gibt es nur gute Erklärungen dafür, warum man Mobbing sein lassen sollte. Würden nur alle Haushalte so denken und die Kinder aufklären, würde es in der Schule schon viel besser aussehen.

Bei den Mobbingopfern ist es wichtig aufzuklären, dass

man Hilfe suchen sollte und wie man sich dagegen wehren kann. Als Eltern sollte man nie bei den anderen Kindern einschreiten, aber die Lehrpersonen kontaktieren. Doch leider bringt das auch nicht immer was. Wenn sowas nichts bringt, hat man auch das gute Recht dazu, weitere Hilfe zu holen und die Lehrperson zu melden. Manchmal ist es auch besser, unser Kind von der Schule wegzunehmen und in eine andere Schule zu schicken oder Privatunterricht, je nachdem. Beim Erwachsenenalter sieht es dann anders aus und meistens werden die gemobbten Personen am beliebtesten. Man studiert entweder nach der Schule weiter, einige fangen eine Ausbildung an, andere machen vielleicht ein Talent zum Beruf, andere werden selbstständig und so weiter. Auch beim Beruf, egal welcher Beruf, ob man selbstständig ist, Ausbildung oder sonst was, ist es wichtig zuzuhören und wissen, was wir im Beruf genau machen. Denn auch im Beruf kommt es immer oder oft vor, dass man was erklären muss. Als Beispiel arbeite ich in einem Shop und stelle eine Hautcreme vor. Es ist wichtig, dass man gut vorbereitet in den Shop geht und dass man gut über die Hautcreme informiert ist. Klar kann man nicht komplett alles wissen, weil es auch Geschäftsgeheimnisse gibt, aber die wichtigsten Infos sollte man nicht unterschätzen oder ignorieren.

Warum sollte man es nicht unterschätzen? Ungefähre

Infos reichen doch aus? Nein die Kunden merken oft, ob man gut vorbereitet da steht oder nicht. Wenn man nur mit wenigen Infos hingeht, steht man ja für nichts dort und man hätte die Promo auch ersparen können. Es kann auch schlimm enden. Als Beispiel stelle ich eine Hautcreme vor und die Kundin fragt, ob es Naturkosmetik ist. Doch die Person, die es vorstellt, weiss es nicht und sagt, dass es Naturkosmetik ist. Im schlimmsten Fall kauft die Kundin es, ohne zu wissen, dass in der Creme ein Inhaltsstoff ist, auf den sie allergisch reagiert. Natürlich sollte man auch selber die Inhaltsstoffe durchlesen, aber es gibt nun mal Kunden, die Vertrauen haben und alles glauben, was bei der Promo erzählt wird. Wenn man was erklärt, egal wo, dann richtig oder man lässt es sein. Wenn man eine Info mal nicht weiss, dann sagt man lieber: „Ich guck mal nach, ob das so ist,, oder falls man jetzt privat unterwegs ist oder sonst wo, kann man sagen „das weiss ich nicht,,. Jeder erwähnt mal das Wort keine Ahnung oder darüber weiss ich nichts. Das Wort ist nichts Schlimmes und kommt viel besser an als Unwahrheiten zu verbreiten.

Ehrlich und direkt

„Ich bin eine ehrliche und direkte Person„. Wir alle kennen mehrere Personen, die das gesagt haben, oder? Ehrlich und direkt sind einige Personen. Das stimmt und zum Glück gibt es solche Personen. Ich persönlich finde Ehrlichkeit und Direktheit gehört zu den besten Charaktereigenschaften. Doch sind denn wirklich alle ehrlich und direkt, die sich so beschreiben? Leider nicht. Denn Ehrlichkeit wird oft mit Direktheit verwechselt. Nicht alle Menschen, die direkt sind, sind auch immer ehrlich und nicht alle Menschen die ehrlich sind, sind immer direkt. Dieses Thema unterschätzt man noch oft, finde ich, und man sollte es nicht verwechseln.

Was ist besser? Ehrlich und nicht direkt zu sein oder direkt und nicht ehrlich zu sein? Ganz klar ehrlich und nicht direkt. Warum ist das so? Ganz einfach. Die Wahrheit wollen wir alle wissen und es tut gut, wenn man die Wahrheit weiss. Ganz anders bei Direktheit, aber nur wenn es nicht der Wahrheit entspricht, kann es manipulativ sein und nervend. Man ist laut, redet viel und beschreibt sich als ehrlich und direkt. Kennen wir alle. Kommt selbstbewusst rüber und man hat meistens auch das Sagen, wenn man mit Leuten zusammen ist, die eher weder direkt noch immer ehrlich sind. Wenn aber solche direkte Leute lügen, weiss man es zwar, dass die

Person lügt, aber irgendwie traut sich niemand, was zu sagen. Es kommt aber schnell mal vor, dass die Direkten mal auf die Falschen treffen. Denn wer gewinnt eher? Jemand der ehrlich und nicht direkt ist oder jemand der direkt und unehrlich ist? Eigentlich jemand, der ehrlich und direkt ist, aber in dem Fall gewinnt jemand der ehrlich und eher nicht direkt ist. Warum ist das so? Denn wenn die 2 gegeneinander argumentieren müssten, dann wird die ehrliche Person auch automatisch direkt. Denn sowas wird oft von den Direkten unterschätzt und langsam wird es auch bekannter, dass man auch die Ruhigen nie unterschätzen sollte.

Ansonsten ist eine direkte Art (nur bei Ehrlichkeit) sehr stark und schätzenswert. Warum aber mögen viele diese Charaktereigenschaften nicht, obwohl jeder gerne die Wahrheit wissen möchte? Genau, alle wollen Ehrlichkeit aber sind dann schnell beleidigt, wenn man mal die Wahrheit sagt. Doch man sollte es auch freundlich rüberbringen. Es macht einen grossen Unterschied, ob man es respektvoll rüberbringt oder direkt und ohne nachzudenken einfach raushaut. Als Beispiel arbeiten wir in einer Gruppe zu 5. in einem Event. Jede/r hat einen Posten und die Leute kommen für eine Ausstellung und gehen. Man bemerkt, dass jemand in der Gruppe leider starken Körpergeruch hat und hörte es auch hintenrum von ein paar Kunden. Wie geht man da nicht vor?

Jemand der direkt ist und nicht nachgedacht hat, würde einfach das raushauen: „Hey sag mal, merkst du eigentlich nicht, dass du stinkst? Schon die Kunden haben es gesagt,". Genau so sollte man nicht vorgehen. Wie man vorgehen kann, ist, dieser Person in einem kleinen Moment unter vier Augen zu sagen: „Tut mir leid, dass ich es sagen muss, aber ich wollte dir unter 4 Augen sagen, dass mir bei dir leider aufgefallen ist, dass es etwas stark nach Schweiss riecht. Leider hörte ich es auch vom Kunden. Das ist jetzt absolut nicht böse gemeint und ist nur ein gut gemeinter Rat,".

Wenn man es einfach raushaut, sollte man sich nicht wundern, dass man nicht gemocht wird. Wenn man es respektvoll und persönlich rüberbringt, wird man auch öfters gemocht. Auch wenn es etwas Unschönes ist, was man rüberbringt, gibt es keinen Grund wütend auf die Person zu sein, die es ehrlich, direkt und respektvoll gesagt hat. Es kann jedem mal was passieren, was unangenehm ist und wenn mich jemand darauf anspricht, dann bin ich dankbar dafür und schätze es Wert, es mir direkt gesagt zu haben, anstatt hintenrum. Doch was, wenn man es respektvoll rüberbringt, aber die Person ist dann trotzdem beleidigt? Mit dem muss man leider auch mal rechnen. Man kann halt nicht von jedem gemocht werden oder man kann es nicht jedem recht machen. Solange man sich selber treu bleibt, muss man sich auch keine

Gedanken darüber machen, dass man was Falsches gemacht hat. Es gibt leider Personen, die auch die Ehrlichen, Direkten und Respektvollen nicht schätzen. Das sind dann solche, die mit Kritik nicht klarkommen, kann aus Eifersucht sein, können die sein, die eher hintenrum reden oder sonst was. Solange man nicht rumlästert und direkt die Meinung sagen kann, wenn es der Wahrheit entspricht, hat man Respekt verdient und schlussendlich wollen alle die Wahrheit wissen.

Manchmal will man nur das hören, was man hören möchte. Doch wichtiger ist es, das zu sagen, was man hören sollte anstatt das zu sagen, was man hören möchte. Wir führen schlussendlich ein Leben und sind nicht am träumen. Ehrlichkeit und Direktheit in respektvollem Umgang ist wertzuschätzen und man wird da nicht hintergangen. Ganz wichtig ist es, zu unterscheiden vom direkten und nicht ehrlichen Menschen. Wie wirken denn die Direkten auf Menschen, die eher nicht laut sind? Leider kommt es oft vor, dass die Direkten, Lauten die Mitmenschen einschüchtern und es ist eigentlich schade. Man sollte ganz klar keine Vorurteile haben, aber man merkt recht schnell, wenn jemand nicht ehrlich ist, sondern einfach nur direkt. Das heisst, dass diese Personen dann einfach gut beim manipulieren sind. Als Beispiel arbeite ich mit so jemandem im Büro. Wir kommen eigentlich gut klar, obwohl ich weiss, dass die Person nicht immer ehrlich ist, aber dafür direkt. Wir starten bald eine Projektwoche und ich bin dann mit einem/r anderen Mitarbeiter/in eingeteilt worden, mit der ich mich auch gut verstehe. Die Person, die direkt und unehrlich ist, möchte es aber unbedingt vermeiden, dass ich nicht mit der anderen Person arbeite, weil er/sie denkt, dass ich aus Versehen was rausplappern würde was uns betrifft.

Das heisst, die direkte Person möchte sogar, dass ich mir was einfallen lasse, dass ich nicht mit der anderen Person arbeiten muss. Der Grund dafür wäre, dass der/die Direkte denkt, dass ich mich bei der anderen Mitarbeiter/in verplappere, dass wir mal bei einem Projekt geschummelt hatten und dass will er/sie unbedingt verhindern, weildie direkte Person in Wahrheit nicht nur den Schummel verhindern möchte, sondern auch unbedingt die/der Beste bleiben möchte im Büro, denn in Wahrheit istdie direkte Person nur Dank Schummel die/der Beste im Büro. Sowas in der Art kommt tatsächlich vor oder wenn man zum Beispiel für das Jubiläum in der Gruppe was bespricht und jemand kommt mit einer sehr guten Idee, kommt es leider oft vor, dass es nicht umgesetzt wird, sondern es wird die Idee von der direkten Person umgesetzt, obwohl die Idee von der direkten Person nicht mal so gut war wie von dem/der anderen Mitarbeiter/in. Doch wie kann man sowas verhindern? Das, was man wissen sollte und im Hinterkopf speichert ist folgendes: Diese Person ist zwar laut und direkt, aber nicht ehrlich und nicht immer respektvoll. Also warum sollten wir die Person überhaupt ernst nehmen? Auch wenn wir etwas ruhiger sind, ist es wichtig, dass wir wenigstens ehrlich und respektvoll sind.

Wie komme ich denn zum Wort? Sicherlich alle oder zumindest die meisten in der Gruppe regen sich innerlich auf, dass andere Ideen nicht wahrgenommen werden, weil immer die direkte Person was zu sagen hat. Doch warum sagt denn keiner was? Ganz einfach, die Personen, die sich zurückhalten, unterschätzen sich leider selber und man sollte einfach zuerst mal nachdenken, was man alles zu bieten hat und wie wertvoll wir eigentlich auch sind. Wenn man sich selbst schätzt, kommt man beim Reden auch automatisch selbstbewusster rüber. Also wenn die direkte Person eine Idee umsetzen möchte, aber z.B. meine Idee wäre eigentlich passender, kann man ruhig mal sagen: „Ich persönlich finde meine Idee passender wegen (Grund dazu unbedingt erklären) und würde vorschlagen, dass wir ansonsten eine Abstimmung machen, wessen Idee dann umgesetzt wird,,. Man muss einfach nur wissen, was man sagt und schon sieht es danach ganz anders aus. Solange man den Mund nicht aufmacht, wird es auch so bleiben, dass eherdie direkte

Person immer das Sagen hat. Wenn man sieht, dass man auch was zu sagen hat und sich nichts gefallen lässt, wird man auch ernster genommen. Einfach nur leise sein und zu allem ja sagen, kann meistens nicht so gut enden.

Gibt es Menschen, die Angst haben, die Meinung zu sagen oder die Wahrheit zu sagen? Offensichtlich sieht es mal so aus und ja sehr viele trauen sich leider nicht. Warum trauen sich viele nicht? Wahrscheinlich weiss man nicht, wie es rüber kommt. Man hat Angst, die Person mit der Wahrheit zu verletzen, man hat Angst, die Person zu verlieren. Das sind so die Standardgründe. Will man es denn überhaupt auch? Dass man die Meinung oder die Wahrheit nicht erfährt? Das auch nicht. Eigentlich möchte man, dass man die Wahrheit erfährt und dass alles nach wie vor gut ist. Deswegen sollte man wissen, dass Verheimlichen und Lüge nichts besser machen und solange man es respektvoll rüberbringt, ist es auch nicht falsch. Es kommt aber auch auf die Situation und den Zeitpunkt an. Als Beispiel fängt in 10 Minuten eine Geburtstagsfeier von einem Kollegen an. Dort werden noch viele andere Personen kommen, die ich kenne und mit denen ich auch befreundet bin. Plötzlich schreibt mir der Partner meiner Freundin, und zwar nicht freundschaftlich, sondern er fragt, ob ich mich mit ihm mal treffen würde bei ihm zuhause und dass er kaum wegschauen könnte, wenn ich auf der Geburtstagsfeier auftauche. Da wir alle bei der Geburtstagsfeier auftauchen, wird es klar unangenehm für mich und ich möchte am liebsten sofort die Nachricht meiner Freundin zeigen.

Doch sollte ich das während einer friedlichen Party tun? Es würde zwar ordentlich für Drama sorgen, aber ob meine Freundin es so öffentlich möchte, weiss ich nicht. Auch wenn ich es ihr während der Party unter 4 Augen sage, würde man sehen, dass etwas nicht stimmt. Am besten wartet man, bis die Party vorbei ist und ich spreche meine Freundin persönlich an: „Hey, hast du kurz ein paar Minuten Zeit für einen kleinen Spaziergang oder kommst du kurz eine Kippe rauchen? Es ist was wichtiges,". Danach sage ich ihr die Wahrheit und zeige ihr die Nachricht. Es kommt immer auch auf die Situation an und vor allem auf den richtigen Moment. Man muss nicht immer sofort die Wahrheit sagen, oft ist es gerade unpassend. Doch was ist mit der Wahrheit sagen, wenn ich etwas Falsches gemacht habe? Fehler passieren jedem. Na gut, kommt auf die Fehler an. Wenn z.B. mein Freund mich mit meiner besten Freundin betrogen hat und sie erzählt mir es persönlich, ist es trotzdem nicht okay. Mutig, dass sie es mir erzählt hat, aber trotzdem unverzeihlich. Wenn eine Freundin z.B. etwas hinter meinem Rücken über mich erzählt hat und es mir aber ins Gesicht sagt, dass es ihr leid tut und es gesteht, was sie über mich erzählt hat, würde ich es ihr verzeihen. Denn niemand ist perfekt oder fehlerfrei. Wer überall nach Mängeln sucht, findet es auch und wenn man keinen Mangel möchte, bleibt man alleine.

Ansonsten wissen wir alle, dass eine Lüge nichts besser macht. Doch was, wenn die Wahrheit nie rauskommen wird? Das denken sich viele und erzählen dann die Wahrheit auch nicht. Auch wenn die Wahrheit nicht rauskommen wird und wir die Wahrheit wissen, aber trotzdem lügen, dann fühlen wir es. Mehr oder weniger hat man ein schlechtes Gewissen, aber tief innerlich fühlt man sich nicht frei. Also deswegen schadet es nicht, einfach ehrlich zu sein und respektvoll mal die Meinung zu sagen. Falls man dadurch Freunde verliert, ist es kein Verlust, sondern ein Gewinn. Denn wahre Freunde bleiben und man kann sich so vorstellen, dass man dann die falschen Freunde durch einfach ich selbst sein rausgefiltert hat. Lieber hat man weniger Freunde, aber die wahren, die dich so nehmen wie du bist anstatt mehrere Freunde, indem man sich verstellt. Auch für die Psyche ist es viel besser und wir fühlen uns viel freier wenn wir einfach ehrlich sind. Heisst es, wenn mein/e Freund/in mal nicht gut aussieht, dass ich es ihm/ihr einfach sagen kann, dass er/sie heute nicht gut aussieht? Nein so direkt nicht. Es kommt darauf an. Wenn meine Freundin mal z.B. einen Rock trägt, der blau aussieht und es mir nicht gefällt, muss ich es nicht direkt sagen, ausser sie fragt mich nach meiner Meinung. Erst dann kann ich es ihr auch sagen, dass es nicht mein Geschmack ist, anstatt zu sagen, es sieht voll Scheisse aus.

Denn wenn es meine Meinung dazu ist, heisst es nicht, dass es allgemein so ist. Man muss auch nicht immer ungefragt seinen Senf dazu geben, ausser es geht mich was an. Ansonsten hält man sich raus. Ansonsten fragt man nach der Meinung anderer, weil es uns interessiert und wissen möchte, wie verschieden die Geschmäcker sind oder man ist unsicher über etwas und kann sich nicht entscheiden. Deswegen fragt man nach der Meinung von Anderen.

Urteilen und denken

Urteilen und denken sind auch Begriffe, die täglich in unserem Alltag vorkommen. Also zumindest denken kommt täglich vor. Es gibt verschiedene Denkweisen, die mehr oder weniger jede/r besitzt und zwar Logische Denkweise, Kreative Denkweise, flexible Denkweise usw. Urteilen oder Vorurteil gegenüber einem Menschen oder sonst bei Diskussionen kommt nicht so oft vor wie denken. Beim Thema Vorurteile gibt es sehr viele, die es besitzen und es gibt aber auch viele, die keine Vorurteile haben, weil man eigentlich auch keine haben sollte. Denn Vorurteile bestehen, wenn man jemanden sieht, über die Person nachdenkt wie er/sie z.B. sein könnte und daraus bildet man sich ein Urteil über die Person, obwohl wir nichts über die Person wissen und eigentlich nur vermuten. Deshalb, Denken ist nicht Wissen.

Denken ist etwas, was man am meisten tut und pausenlos. Man denkt immer an etwas und man denkt auch automatisch an Sachen, die wir z.B. nicht möchten oder wollen. Nicht an bestimmte Menschen, Erlebnisse, Vorstellungen usw. denken ist zum Glück menschlich. Man kann richtig denken und man kann falsch denken. Was man nicht kann, ist Gedanken von anderen Personen lesen. Denken allgemein bewegt den

Alltag, weil man nicht nur denkt, sondern es auch umsetzt und alles bewirken kann, was möglich ist. Beim Denken stellen wir uns was vor, wir denken an Personen, wir denken über was nach, wir denken an die Zukunft, Vergangenheit, wir vermuten was usw. Was man aber wissen sollte ist, Denken ist nicht Wissen. Deshalb wollen wir für die meisten Sachen über die wir nichts wissen und nur vermuten auch eine Antwort und deshalb ist fragen sehr wichtig oder auch herausfinden. Wie bekommen wir eine Antwort darauf? Mit fragen, googeln, recherchieren, beobachten usw. An was denken wir eigentlich öfters? Verallgemeinern kann man es nicht. Denn alle Menschen denken sehr verschieden. Es gibt verschiedene Denkweisen, die mehr oder weniger jede/r besitzt. Ansonsten denken wir positiv und auch negativ. Manchmal sind wir froh, wie wir gedacht haben und manchmal sind wir enttäuscht, wie wir gedacht haben oder uns etwas vorgestellt haben.

Stellen wir uns vor, man geht z.B. auf eine neue Schule, trifft ein paar Freunde, die auch hier in die Schule gehen werden und sehen ein paar neue Gesichter. Plötzlich sagt jemand aus meinem Freundeskreis: „Seht ihr die Blonde da? Wie ihr wisst, ist sie auch mit uns in der Klasse, aber die ist ja voll eingebildet„. Das nennt man ein Vorurteil. Warum behauptet man eigentlich etwas, obwohl wir die Person noch gar nicht kennen? Meistens kommt als Antwort, dass die Person so aussieht oder rüberkommt. Denn wissen kann man es ja nicht, wenn man sich mit der Person nicht unterhalten hat. Nichtmal, wenn man sich mit der Person kurz unterhält, kann man die Person gleich beurteilen, denn dafür braucht es Zeit und mehrere Gespräche. Bleibt es dann auch bei dem Vorurteil, das man gehabt hat? Nein, meistens tatsächlich nicht. Es kommt oft vor, dass man sich dann anfreundet und es dann auch beichtet, dass man über die Person falsch gedacht hat. Als Beispiel: „Du bist ja voll cool und ich bin froh, dass wir befreundet sind. Am Anfang dachte ich sogar, dass du voll die Arrogante wärst,". Wer kennt solche Fälle nicht, vor allem, warum kommt das bei einigen immer noch vor, dass man sich ein Urteil bildet, obwohl man weiss, dass man wieder falsch liegen kann. Klar, man kann sich dafür entschuldigen und alles ist wieder gut, aber immer im Hinterkopf behalten „Denken ist nicht Wissen,".

Solche Situationen kommen oft vor und sind nicht so schlimm. Denn oft täuscht man sich und alles wird wieder gut, aber es muss trotzdem nicht sein. Was denken denn die Leute, die bei solchen Situationen keine Voruteile haben? Man denkt ja immer etwas und irgendetwas denkt man doch über die Person, die wir sehen und wissen, die Person wird mit mir in der Klasse sein. Man kann folgendes denken und oder auch sagen: „Ah, stimmt, sie wird auch in der Klasse sein. Eine hübsche Person und bin mal gespannt. Sowas in der Art wäre nicht falsch zu sagen. Gibt es Schlimmeres? Ja leider. Schlimmer wäre, wenn man von jemandem z.b. was hört und sich daneben verhält. Als Beispiel erzählte mir ein ehemaliger Schulkollege, dass eine Lilly mit mir in der Klasse sein wird und ich bei ihr aufpassen sollte, weil sie fake ist und ständig über alle hinter dem Rücken redet. Was sollte man auf keinen Fall tun? Es sofort zu glauben, sie bloßzustellen und anderen davon zu erzählen. Es kann sogar sein, dass es stimmt, aber wissen tun wir es ja nicht. Man kann es im Hinterkopf behalten, das ist nicht verkehrt. Blind vertrauen kann man sowieso niemandem sofort. Am besten macht man sich immer ein eigenes Bild und findet raus, ob die Person wirklich so ist wie sie beschrieben wurde. Denn ob jemand z.B. lästert, findet man offensichtlich schnell raus.

Wie kommt es eigentlich überhaupt dazu, dass man falsch eingeschätzt wird und sofort beurteilt wird? Wenn man jemanden als arrogant bezeichnet, obwohl man noch nicht mit der Person geredet hat, hört man als Gründe meistens, dass man so eingeschätzt wurde wegen der Ausstrahlung. Nicht alle haben ein Engelsgesicht und es gibt einige, die eher einen dominanten Blick haben von Natur aus. Das heisst aber noch lange nicht, dass man arrogant ist. Das Aussehen sagt nichts über den Charakter aus. Ist es nicht logisch, dass man niemanden verurteilen kann, wenn man die Person nicht gut kennt? Ja, natürlich ist es logisch und warum es immer noch Leute gibt, die Personen verurteilen, obwohl man die Personen nicht persönlich kennt, wissen die Leute selbst nicht mal. Wo passieren eigentlich solche Sachen? Gebildete Menschen würden doch nie urteilen? Leider kann das überall passieren. Sogar in der Schule kommt es oft vor, dass man von dem/der eigenen Lehrer/in mal den Satz hört: „Aus der Person wird nichts,„. Oder man wird teilweise ausgelacht, wenn man in der Schule erzählt, was man mal werden möchte. Das traurige ist, dass die Lehrpersonen doch gebildet sind? Ja, sie sind zwar gebildet in etwas und haben einen guten Job. Wenn man eine hohe Position hat, heisst es aber auch nicht, dass man überall und allgemein gebildet ist.

Warum wird man z.B. verurteilt, dass man nichts im Leben erreichen wird? Die Gründe dazu sind meistens, wenn man schüchtern ist oder nicht die besten Noten hat. Doch wenn man besser nachdenkt, weiss man auch, dass man sich weiterentwickelt und es nicht immer so bleibt bei den schlechten Noten und der Schüchternheit. Ausserdem haben alle andere Fähigkeiten, in denen man gut ist. Wie soll man denn damit umgehen, wenn man es hört? Ganz einfach, man kann solche Sätze und Vorurteile nicht ernst nehmen. Denn niemand kann in die Zukunft schauen, vor allem niemand kennt uns besser als wir uns selbst. Hauptsache, wir lassen uns nicht auf demselben Niveau zu. Sehr oft kommen Überraschungen vor und man liegt oft falsch. Man sollte nie jemanden unterschätzen. Kann man auch jemanden überschätzen? Ja, auch sowas kommt oft vor. Manchmal liegt man richtig, aber manchmal liegt man auch hier falsch. Auch wenn man es hier eher positiv meint, jemanden zu überschätzen, kann man sich leider täuschen und es ist nun mal leider so. Das heisst aber auch hier noch lange nicht, dass man die Person als negativ betrachten soll. Man weiss trotzdem nicht immer, ob die Person z.B. was Schweres verarbeitet, es versucht hat oder mehr Zeit braucht. Ansonsten wissen alle mit einem gesunden Menschenverstand, dass man nicht jemandens Zukunft voraussagen kann.

Führen Vorurteile eigentlich oft zu einer Diskussion? Eher nicht. Denn solche Gespräche finden oft hinter dem Rücken statt. Warum ist das so? Weil man innerlich weiss, dass man falsch liegen kann und meistens trotzdem freundlich bleibt, wenn es zu einem Gespräch kommt. Manchmal entstehen dadurch Freundschaften, manchmal mag man sich trotzdem nicht und oft kommen auch Missverständnisse vor. Man kann natürlich nicht mit allen befreundet sein, denn oft teilt man nicht immer dieselben Interessen, Meinungen, Humor usw. Dennoch bleibt man respektvoll gegenüber anderen. Schlussendlich leben sich alle anders aus und haben verschiedene Fähigkeiten oder Interessen. Wie sich z.b. mein/e Klassenkamerad/in auslebt, geht mich nichts an, ausser er/sie erzählt mir was und fragt, was ich darüber denke. Dann kann ich meine Meinung dazu sagen. Nehmen wir mal an, wir haben jemanden in der Klasse, der regelmässig auf Partys geht, weil er/sie gerne die Musik fühlt und tanzt. Doch wir haben in der Klasse eine Gruppe, die über die Person lästert und sie runtermacht, dass er/sie anscheinend z.b. regelmässig auch Männer oder Frauen wechselt. Solche Fälle gibt es leider. Aber ganz einfach, wenn man es nicht mit eigenen Augen gesehen hat, es Beweise gibt oder sonst was, dann ist es eine Fantasie.

Selbst wenn es stimmen würde, hat man trotzdem kein Recht, diese Person zu verurteilen. Denn solange man niemandem dadurch schadet und die Person trotzdem korrekt ist, kann man im Leben machen, was man möchte. Denn was die Person in der Freizeit macht, was die Person für Hobbys hat, mit wem man was hat und so weiter, kann uns egal sein. Es haben nicht alle die gleichen Interessen und wenn man zu dem stehen kann, was man macht, ist es stark und das kann niemand verurteilen. Was, wenn ich über irgendwas verurteilt werde, z.B. dass ich gerne Briefmarken sammle? Mein/e Freund/in versteht es nicht und fragt ständig, ob ich mir nicht ein anderes Hobby suchen möchte. Als allererstes sollte man dann die Rückfrage stellen: „Ich verstehe ja, dass es nicht dein Fall ist, denn jede/r hat andere Interessen, aber warum soll ich mir jetzt ein anderes Hobby suchen? Denn mir gefällt es ja offensichtlich oder schadet meine Briefmarkensammlung dir eigentlich?„ Als Rückantwort wird da ganz klar nichts gescheites kommen. Wenn etwas zurückkommt, dann vielleicht: „Ja ist mir halt peinlich„. Wenn sowas zurückkommt kann man fragen, was genau an der Sache peinlich ist und mal ganz ehrlich, wahre Freunde akzeptieren uns wie wir sind. Menschen mit einem guten Menschenverstand brauchen solche Leute schon mal gar nicht im Leben.

Kommen wir zu dem Thema Kleider machen Leute. Wahrscheinlich kennen wir alle diesen Spruch. Doch wie sieht es eigentlich wirklich aus? Erkennt man an der Kleidung, ob jemand reich oder arm ist? Ganz klar nein. Es gibt schicke Klamotten, elegante Klamotten, Skaterlook, Farbenfroh und noch vieles mehr. Man kann mit günstigen Klamotten elegant wirken und man kann mit teuren Klamotten lässig wirken. Heutzutage sollten mittlerweile alle wissen, dass man nicht reich ist, nur weil man teure

Markenklamotten trägt und man nicht arm ist nur weil man Noname Klamotten trägt. Solange man sauber angezogen ist, kann es allen egal sein, wer was anzieht, ausser man hat Kleiderordnung bei einem Job. Kann man aber jemanden einschätzen wie er/sie ist in Bezug auf Kleidung? Es gibt Menschen, die haben immer den gleichen Style, es gibt solche, die verschiedene Richtungen haben und so weiter. Gibt es Leute, die täglich das gleiche anziehen? Es gibt alles auf dieser Welt. Wenn man z.b. jemanden täglich mit dem gleichen Shirt sieht, muss es aber trotzdem nicht heissen, dass es genau 1 Shirt ist. Es kann auch sein, dass die Person mehrere Shirts hat, die gleich aussehen. Ansonsten sind Kleider nichtmal notwendig, solange wir genug haben, um uns zu schützen. Wenn man sich gerne Kleider gönnt, dann weil man es selbst möchte und nicht um andere zu beeindrucken.

Was gibt es noch beim Thema Kleidung? Es gibt viele Frauen, die sich gerne zeigen und sich gerne freizügig anziehen. Kommt beim Ausgehen vor, im Sommer, beim Event und an anderen Orten. Leider wird man dabei auch verurteilt von ein paar Menschen. Als Beispiel sagt jemand: „Wie läufst du denn rum? Wirst ja immer billiger„. Es gibt Menschen, die haben es gerne, wenn man sich freizügig anzieht und es schön findet. Es gibt aber auch Menschen, die es nicht mögen. Schlussendlich sind Geschmäcker verschieden, ist beides verständlich. Was aber gar nicht geht und eine falsche Aussage ist, dass man die Person gleich verurteilt wie sie ist. Oft kommen solche Sprüche sogar von Menschen, die sich zwar nicht so freizügig kleiden, aber in Wirklichkeit scheinheilig sind. Schon alleine deswegen sollte man die Personen nicht ernst nehmen und es schadet keinem, wenn man sich freizügig anzieht. Oder wenn es Männer gibt, die sich ein Kleid anziehen und High Heels tragen. Auch hier gibt es Leute, die sie auslachen und die Männer gleich verurteilen. Doch was genau hat es uns zu interessieren, wer was anzieht? Schlussendlich tut es keinem weh, wer was anzieht, ausser die Kleidungsstücke spicken uns in die Augen. Sowas passiert natürlich nicht, aber einige verhalten sich so als ob genau sowas passieren würde.

Ansonsten kann es jeden von uns mal treffen, dass wir falsch denken, aber genau deswegen ist Kommunikation wichtig, damit man Missverständnisse vermeidet. Auch wenn man keine Vorurteile hat, können Sachen vorkommen, wie z.B. dass jemand eine Grube gräbt. Passiert meistens aus Eifersucht. Als Beispiel nehmen wir mal an, dass man ein glückliches Paar in der Klasse hat, das sich über alles liebt. Doch leider gibt es in der Klasse ein Mädchen, das total auf den Jungen steht und sie lässt sich was einfallen, damit das

Pärchen sich trennt. Ein Kollege von ihr macht mit und macht folgendes: Er sucht die Gelegenheit zu einem Gespräch mit dem Mädchen und es geht um die Hausaufgaben. Plötzlich packt er sie und versuchte, sie zu küssen. Rechtzeitig macht das Mädchen, das es geplant hatte, ein Foto und es sieht natürlich so aus, als würde das vergebene Mädchen fremdgehen, obwohl es nicht so war und sie den Jungen sogar weggeschubst hat, bevor es zu einem Kuss kam. Bei solchen Fällen ist es leider normal, dass man sofort urteilt und es ist auch ein schwieriges Thema. Aber zum Glück stimmt dieser Spruch: „Wer anderen eine Grube gräbt, fällt selbst rein,„. Am Anfang mögen solche Fälle vielleicht schwierig sein, aber man findet die Wahrheit schnell raus. Man muss im Leben halt mit allem rechnen.

Logik, Meinungen und Fakten

Alle Menschen haben ihre eigene Meinung. Meinungen bildet man durch Vorstellungen und wie wir es gerne sehen wollen oder haben möchten etc. Ansonsten haben wir auch noch Fakten. Nur das Fakten nicht immer mit Meinungen zu tun haben. Man kann die eigene Meinung zu einem Thema äussern und haben. Wie bei dem Thema Ehrlichkeit und Direktheit, verwechseln auch einige Meinungen mit Fakten. Es gibt viele Fakten, die nicht jedem Menschen passen und zu Fakten kann man auch nicht immer die eigene Meinung haben, weil es gar nicht geht.

Kann jeder Mensch logisch denken? Ja, alle können logisch denken. Einige weniger, einige mehr. Man kann aber nie immer logisch denken. Logik ist angeboren und ist wichtig fürs Leben, denn Logik dient der Verbesserung des Argumentierens. Durch logisches Denken können wir Aufgaben lösen, ein Problem lösen, sicherer argumentieren, etwas feststellen usw. Durch Logik kommt man weiter durchs Leben. Beim logischen Denken wäre es sehr gut, wenn man schnell denkt oder schnell was rausfinden kann, aber auch etwas langsamer schadet nicht. Besser ein bisschen langsamer als einfach loszureden oder gar nichts und ein bisschen mehr nachdenken tut auch mal gut. Was tun, wenn man einfach nicht gut logisch denken kann? Zum Glück kann man logisches Denken antrainieren. Wie zum Beispiel mit Sudoku, Matheaufgaben, Schach, diverse Apps oder professionelles Gehirntraining. Wenn man z.b. eine Schwäche bei Mathematik hat. Gerade in der Schule ist es sehr wichtig, Fragen zu stellen und dass man klar und deutlich erklärt bekommt, warum die Lösung diese Zahl ergibt und wie man es berechnet. Auch bei allem anderen kann man es Schritt für Schritt antrainieren lassen, wenn man daran Interesse hat. Wenn man kein Interesse an etwas hat, wird es schwieriger, weil man sich dann oft nicht anstrengt und nicht immer zuhört.

Gibt es denn Themen, die man nicht interessant findet, aber trotzdem wissen sollte? Ja, das kennen wahrscheinlich alle von uns, es gibt immer wieder etwas, was uns nicht interessiert, aber zum Allgemeinwissen gehört oder sogar notwendig für das Leben wäre. Es hat nicht jedem/r geschadet, wenn man nicht alles gewusst hat. In der Schule fängt es an und geht weiter. Es gibt lebenswichtige Themen in der Schule und es gibt Themen, die zwar nicht lebenswichtig, aber gut zu wissen sind. Es wäre gut zu wissen, wenn man schon im jungen Alter weiss, was man später werden möchte, aber es schadet auch nicht, wenn man etwas Zeit braucht und etwas aufbauen möchte, wenn man älter ist. Denn man lernt im Leben täglich etwas mehr. Bei welchen Fällen wäre es notwendig, etwas zu wissen? Nehmen wir mal an, man ist in einen Unfall verwickelt, uns geht es gut, aber auf dem Boden liegt ein Mann, der bewusstlos ist. In einer solchen Situation wäre es wichtig zu wissen, was man zu tun hat. Was tun, wenn man es nicht weiss? Im schlimmsten Fall gibt es zum Glück noch Google. Falls man kein Internet hat, kann man nach Hilfe schreien. Irgendeine Lösung kann man meistens finden, aber die Frage ist halt auch die Zeit. Genau bei solchen Situationen wäre es wichtig zu wissen, was man zu tun hat, denn hier spielt auch die Zeit eine Rolle.

Ansonsten gibt es auch viele Situationen, in denen Zeit keine Rolle spielt oder nicht lebensnotwendig ist. Dann kann man immernoch kurz googeln, auf YouTube nachgucken etc.

Man lernt schliesslich nie aus. Wo und wie lernt man aber denn was? Überall. Egal wo, mit Freunden unterwegs, z.b. wenn man automatisch was erzählt, auf Social Media, durchs beobachten, in der Natur usw. Aber Achtung. Hinterfragen und sich selbst zu informieren, ist ganz wichtig. Es kann leider öfters vorkommen, dass jemand etwas erzählt, anscheinend einen Fakt, der nicht stimmt. Deswegen ist es sehr wichtig, sich zu informieren. Als Beispiel spreche ich mit einer Kollegin über Australien und sie erwähnt, dass sie zur Hauptstadt Sydney fliegt. Als erstes frage ich sie natürlich, was sie genau meint wegen der Hauptstadt. Aus Zweifel google ich schnell, was wirklich die Hauptstadt von Australien ist. Ausser ich weiss es ganz klar, dann korrigiere ich sie sofort und sage, dass es Canberra wäre. Doch leider gibt es tatsächlich immernoch Menschen, die es dann verneinen. Als Beispiel sagt sie: „Nein ist es nicht. Die Hauptstadt von Australien ist Sydney,". Wie reagiert man denn darauf? Ganz einfach, man fragt, warum sie sich sicher ist oder sagt, dass man es doch selber googeln kann.

Das gilt natürlich für alle. Man erzählt nur etwas, wenn man es auch wirklich weiss. Wenn man keine Ahnung von etwas hat, dann informiert man sich zuerst und danach redet man. Alles andere kann zu falschen Infos führen. Unter Freunden oder Bekannten ist es meistens halb so schlimm, vor allem wenn man sich immernoch selber informieren kann. Schlimm wäre es in der Schule von Lehrpersonen. Leider kommt es auch in der Schule vor, dass Lehrpersonen etwas erzählen, was nicht der Wahrheit entspricht und im jungen alter glaubt man es leider oft. Früher oder später aber kann man sich immernoch selber informieren und wichtig ist es für uns alle zu wissen, dass wir nicht alles sofort glauben sollten. Was tun, wenn man z.B. einen Fall bei einer Berufsschule hat, wo der Lehrer eine Präsentation durchführt und er etwas erzählt hat, was nicht stimmte? Genau in der

Schule, vor allem bei Lehrpersonen braucht es erstmal Mut, den Lehrer oder die Lehrerin zu korrigieren, aber es ist auf keinen Fall falsch. Gerade bei Präsentationen gibt es am Schluss Fragerunden und da kann man ruhig sich melden und den Lehrer höflich korrigieren. Ein/e seriöse/r Lehrer/in ist auch kritikfähig und ausserdem kann man gegen Fakten nichts sagen. Denn egal, welches Alter man hat, man lernt nicht nur von älteren Personen. Auch Lehrpersonen lernen automatisch was von den Schülern.

Was unterscheidet eigentlich Meinung von Fakten? Fakten sind etwas, was schon feststeht, was tatsächlich passiert ist und der Wahrheit entspricht. Meinung ist Ansicht und Überzeugung.

Als Beispiel sagt jemand: „Ich finde die Rasse Mops sehr süss und möchte einen haben,,. Ich sage dazu dann etwas, und zwar nicht meine Meinung, sondern ein Fakt: „Ja, die sind zwar süss, aber leider eine Qualzucht,,. Die Person antwortet aber:„Für mich ist es aber keine Qualzucht,,. Das, was die Person am Schluss gesagt hat, ist keine Meinung, weil es ein Fakt ist, dass es einfach eine Qualzucht ist und zudem kann man keine andere Meinung dazu haben, das geht nicht. Auch wenn die Person sagt: „Für mich ist es keine Qualzucht,, ist es nun mal Fakt, dass es eine Qualzucht bleibt. Dann sage ich einfach am Schluss: „Dazu kann man keine

Meinung haben. Denn es ist eine Qualzucht, weil die Hunde Atemprobleme, sogar andere Gesundheitsprobleme wegen der Nase haben, aber informiere dich selber und setz dich mit dem Thema auseinander, dann verstehst du auch was ich meine,,. Gegen Fakten kann man nie etwas sagen, ob man es wahrhaben möchte oder nicht. Manchmal gibt es halt Dinge im Leben, die man anders möchte, aber wegen der Fakten ist es dann so. Man kann aber trotzdem sagen, dass man etwas z.B. süss findet, obwohl es nicht gut ist. Denn es ist nur die eigene Meinung.

Genauso kann man auch sagen, dass man etwas lecker findet, obwohl es nicht notwendig ist. Gerade bei tierischen Produkten. Es ist zwar ein schwieriges Thema und eine Gewohnheit, Fleisch, Fisch und Milchprodukte zu konsumieren, aber wenn man sich mal Gedanken darüber macht und sich über Veganismus informiert, sieht es schon mal anders aus. Fleisch zu essen gehört nun mal zum Leben. Geschmacklich ist es Geschmackssache, wahrscheinlich mögen es die meisten. Kann man nicht abstreiten. Es bringt gute Laune beim Grillen und genuss beim Essen. Doch nicht jede/r macht sich mal richtig Gedanken darüber, wie man zum Fleisch kommt und die meisten würden die Tiere nicht mal selber schlachten. Dass für unseren Geschmack die Tiere getötet werden, ist leider Fakt. Das heisst aber nicht, dass man ein schlechter Mensch ist, wenn man tierische Produkte konsumiert, denn das tut man aus Gewohnheit und vor allem, weil es gut schmeckt. Es gibt sogar viele Menschen, die eigentlich aufhören möchten, tierische Produkte zu konsumieren, aber es einfach nicht hinbekommen. Ausserdem ist es wissenschaftlich auch bewiesen worden, dass die vegane Ernährung gesünder ist, vor allem als die der Omnivoren. Es ist nunmal ein Fakt, dass man tierische Produkte als Mensch nicht braucht. Vor allem heutzutage nicht.

Es gibt viele Themen, die Menschen einfach nicht wahrhaben möchten. Betrifft natürlich, je nach Themen, nicht alle. Als Beispiel nehmen wir mal das Thema LGBTQ. Das heisst, Menschen die trans sind, das gleiche Geschlecht lieben, denen Geschlechter egal sind usw. Das sind Menschen, die ganz normal sind, wie wir alle auf der Welt und keinem von uns schaden. Man kämpfte und kämpft immer noch für die Rechte. Leider gibt es Personen, die gegen LQBTQ sind. Das heisst, nicht nur, dass sie das Thema nicht ernst nehmen und sich raushalten, sondern sind so dagegen, dass man die Menschen teilweise auf der Strasse beleidigt, man wünscht sich, dass die Menschen normal werden und sehen nur hetero als normal an. Warum ist das so? Warum das so ist, wissen die Menschen wahrscheinlich selbst nicht und wenn sie mal eine Antwort bringen, lautet sie teilweise, dass die Menschen krank sind, die nicht hetero sind und ihnen geholfen werden muss oder kommen mit der Religion als Begründung. Es gibt Krankheiten/Behinderungen, die geheilt werden müssen, weil die Personen leiden und man natürlich ohne Behinderung leichter durchs Leben kommt. Aber trans, schwul etc. zu sein, gehört definitiv nicht dazu. Denn Homosexualität ist etwas Natürliches und gibt es auch genügend unter den Tieren. Es gibt keinen einzigen Grund, warum man Hilfe braucht.

Auch Transsexualität ist etwas Normales. Man wird im falschen Körper geboren und macht die Geschlechts-umwandlung nicht einfach so aus Spass, wenn man logisch darüber nachdenkt. Das biologische Geschlecht kann man nicht verleugnen, aber es ist nun mal so, dass man im falschen Körper geboren werden kann. Jede/r kann machen und lieben, wen man möchte. Gegen Homosexualität zu sein, ist als wenn man Zwangsehen zustimmt. Das Schönste, was man sehen möchte, ist doch, dass man sich nicht verstellen muss und einfach glücklich sein kann. Denn leider gibt es Schwule/Lesben, die sich krampfhaft verstellen und unbedingt als Hetero rüberkommen möchten. Das passiert oft, wenn man nicht den Mut dazu hat, sich zu outen und liegt meistens am Umfeld und den Familien. Doch das

Beste wäre es einfach, den Mut zusammenzufassen und sich einfach zu outen. Denn ein schlechtes Gewissen braucht man hier schon mal gar nicht, weil es keinem schadet, nur weil man eine andere Sexualität hat und es gehört zur Natur. Wenn man was dagegen hat, fragt man am besten: „Inwiefern schadet es euch denn?„ Falls sie mit der Fortpflanzung kommen, haben sie einfach nicht nachgedacht. Wenn man logisch darüber nachdenkt, haben wir schon die 8 Mrd. erreicht und wenn man sich als Hetero nicht fortpflanzen will, sagt auch keiner was.

Wenn man Religion als Grund benutzt, kann man ruhig fragen, ob sie denn alles befolgen, was die Religion scheinbar sagt und wenn wir alle ehrlich sind, gefällt keinem alles, was die Religion sagt und man kommt besser durchs Leben durch logisches Denken. Religion gehört aber nicht zum logischen Denken dazu. Ausserdem gibt es auch Religionen, die LGBTQ supporten wie z.B. der Hinduismus. Wie wir alle wissen, gibt es auch Fakten, die wir fast alle nicht verstehen. Als Beispiel, je nach Ländern haben wir unterschiedliche Gesetze. Wie .B., dass wir bei Pädophilen eher eine Kuscheljustiz haben. Leider gehören pädophile Gedanken auch zur Natur, aber da ist es ganz klar, dass es mehr als nur schadet. Es ist nunmal nichts Schönes und wenn man logisch darüber nachdenkt, holt man sich da Hilfe, bevor man einem

Kind schadet. Es gibt auch Personen, die sich Hilfe geholt haben und sich nicht Kindern genähert haben. Alles andere gehört aber für immer weggesperrt. Ansonsten haben wir noch andere Rechte, für die man noch kämpft oder auf Demonstrationen geht, doch bringen Demos was? Jein. Es bringt oft was, das stimmt zwar, aber sind denn wirklich alle über ein Thema komplett informiert, die auf Demos gehen? Leider nicht und das ist das Problem. Es gibt Personen, die haben sich z.B. über Klimastreik nicht informiert und warum man demonstriert, aber gehen trotzdem demonstrieren.

Bevor man zu einer Demo geht, informiert man sich erstmal über das Thema. Es ist wichtig, dass wir für die Rechte und für unser Recht kämpfen. Falls das Problem den Arbeitsplatz betrifft, löst man es zuerst am Arbeitsplatz und nicht auf einer Demo. Man muss zeigen, was man kann, dass man fair behandelt werden möchte und dass man keine Person ist, die man ausnutzen kann. Wenn jede/r einzelne von uns so denken und es durchziehen würde, würde es auch anders aussehen. Demos schaden nicht und können weiterhin geführt werden, ausser man klebt sich auf der Strasse fest. Heutzutage muss man provozieren, um etwas zu bewirken, heisst es. Das stimmt, etwas provozieren schadet keinem, aber sich auf die Strasse zu kleben überschreitet alle Grenzen und schadet sehr vielen. Wenn man sich so für das

Klima einsetzt, gibt es so viele Projekte, bei denen man was bewirken kann und mitmachen kann. Man kann auch friedlich Leute auf der Strasse ansprechen und Infos geben, aber sich auf die Strasse zu kleben, bringt gar nichts, ausser Schaden anzurichten und alles nur noch schlimmer zu machen. Das ist nun mal ein Fakt. Also allgemein, wenn man was erreichen möchte und durchs Leben kommen möchte, dann gehört logisches Denken auch dazu.

Wie geht man mit dem letzten Wort durch den Alltag

Wollen alle das letzte Wort haben und ist das so wichtig? Nein, natürlich wollen es nicht alle und es ist auch nicht das wichtigste. Alle Menschen haben unterschiedliche Charaktere und Hauptsache, man ist ein korrekter Mensch. Fehler kommen im Leben auch vor, und es gibt niemanden, der nie Fehler macht. Hauptsache man steht zu den Fehlern und rennt nicht vorden Fehlern weg. Manchmal weiss man nicht, was man gerade getan hat und manchmal weiss man aber ganz genau, was man getan hat.

Ist es eigentlich manchmal nervig, wenn man immer und überall das letzte Wort hat, vor allem beim Arbeitsplatz? Ganz klar ja. Tatsächlich finden es viele Menschen nervig, wenn man zurückargumentiert und Recht hat. Was viele aber nicht wissen, ist, dass man es nicht mal extra macht. Es gibt Leute, die versuchen krampfhaft das letzte Wort zu haben und sind von sich sehr überzeugt, dass es auch so ist, weil sie einfach mächtig rüberkommen möchten. Doch so funktioniert es leider nicht. Personen, die ehrlich sind und gut argumentieren können, denken sich nicht: „Oh, ich muss hier meinen Senf abgeben. Jetzt hier muss ich das letzte Wort haben,, oder „oh, man sagt, sie hat scheinbar das letzte Wort, aber die haben mich noch nicht kennengelernt„. Jemand hat mir sogar mal gesagt: „Also bei mir kannst du es vergessen, das letzte Wort zu haben„. Merken wir an dem Satz etwas? Ja, und zwar hat er nur einen Satz rausgelassen und schon hat er bereits verloren. Denn woher weiss man schon im Voraus, dass man das letzte Wort haben wird, wenn man nicht mal über ein Thema gesprochen hat? Das weiss man nämlich gar nicht und die Personen, die sonst überall das letzte Wort haben, würden nie zu jemandem sagen oder denken, dass andere nicht eine Diskussion gewinnen würden. Sowas nennt man Vorurteile und das kommt, wie man bereits weiss, nie gut an.

Wie sieht es am Arbeitsplatz aus, wenn man da zurückargumentiert? Es gibt sehr viele Arbeitsplätze und man wird auch nicht überall gleich oder fair behandelt. Wenn man im Recht ist und zurückargumentiert, ist es nichts Falsches, sondern eigentlich korrekt. Ein/e seriöse/r Chef/in würde es nicht übel nehmen und fair weiterdiskutieren oder uns Recht geben. Es gibt aber auch Chef/innen, die einfach keine lust haben, weiterzudiskutieren und sagen: „Hören Sie mal auf mit den Gegenargumenten„. Jede/r möchte fair behandelt werden, aber nicht alle geben immer zurück, wenn mal was nicht passt, weil es leider einige gibt, die denken, dass sie ihren Job verlieren würden. Das kann leider auch vorkommen, dass man den Job verliert, das stimmt. Denn wenn man logisch nachdenkt, würden viele Arbeitgeber eher Personen einstellen, denen man weniger bezahlen kann, gleichzeitig gute Arbeit machen und zu allem ja sagen. Leider ist das so und deswegen ist auch Zusammenhalt wichtig. Denn zusammen erreicht man gerade bei solchen Themen mehr, als wenn man allein dagegen kämpft. Wenn man z.B. gerade die einzige mutige Person im Geschäft ist, wäre es auch noch sinnvoll, wenn man die Idee bringen würde, dass man sich alle zusammentut und zusammen etwas gegen den Chef oder die Chefin unternimmt, falls alle unfair behandelt werden.

Wie sieht es unter den Freunden aus? Ganz einfach, vor allem Freunde schätzen die Ehrlichkeit und akzeptieren uns, wie wir sind. Denn Freunde kann man sich aussuchen. Streitereien kommen in der Freundschaft bei allen oder fast allen vor und gehören einfach dazu, weil es einfach menschlich ist, sich mal zu streiten und sich dann zu vertragen. Sollte aber nicht regelmässig vorkommen, denn das hört sich dann eher nach einer toxischen Freundschaft an. Bei wahren Freundschaften ist es allen wichtig, dass man unterschiedliche Ideen teilt, was man unternehmen kann in der Freizeit und sich nicht immer nach einer Person richtet. Wenn es immer nach einer Person geht und laufen muss, dann sagt ganz klar, dass es gar nicht geht und verabschiedet euch von solchen Freundschaften. Wenn es Freunde gibt, die sich aufregen, dass man immer das letzte Wort haben muss, werden sie es auch sagen. Ich hatte sogar mal 2 Freundinnen, mit denen ich mich mal gestritten hatte und beide haben mir gesagt: „Du musst immer das letzte Wort haben,". Das war eine Situation als ich erst 17 war und ich hörte es zum ersten mal so direkt. Da war ich auch zuerst baff und verwirrt, so dass ich nichts mehr rausbekam und dachte mir innerlich nur: „Das kann man doch als Kompliment nehmen?" Danach hörte ich sowas ziemlich überall, wo ich war.

Kann man überhaupt mit jemandem arbeiten, wenn man ein Mensch ist, der immer das letze Wort hat? Ja, das geht, denn nicht alle, die gut argumentieren können, sind gleich oder denken gleich. Denn man hat auch unterschiedliche Ansichten und Meinungen, die weder richtig noch falsch sind. Nicht alle sind bossy drauf, auch wenn es sich so anhört. Schlussendlich müssen alle für sich selbst entscheiden, welchen Weg man auch gehen möchte. Hauptsache man ist glücklich und kann Glück auch den anderen gönnen. Es gibt Arbeitsplätze, dort ist man auch mit dem Chef oder Chefin befreundet und geht vom Herzen gerne arbeiten. So sollte es aber eigentlich auch sein, dass man den Beruf, den man hat, auch gerne macht. Es gibt Menschen, die haben die

Einstellung oder sagen: „Meinst du, ich will hier sitzen und arbeiten? Natürlich nicht, aber so ist es nunmal,,. Eigentlich ziemlich traurig und nicht richtig diese Einstellung. Es gibt keinen einzigen Grund, warum man einen Job ausüben sollte, den man gar nicht will. Es gibt Menschen, die möchten nicht arbeiten gehen, aber es gibt keine Menschen, die kein Geld verdienen möchten oder nicht brauchen. Vor allem heutzutage kann man mit allem möglichem Geld machen. Man braucht einfach das richtige Mindset dazu und nutzt es dann natürlich auch. Wer will, findet auch Wege.

Wie sieht es denn mit dem Gedächtnis aus? Das spielt eine grosse Rolle, wenn man argumentiert. Denn es gibt Situationen, während jemand was erzählt, dass es zur Falschinfo führt oder was verwechselt wird. Gerade deswegen wäre ein gutes Gedächtnis schon wichtig.

Denn man sollte genau wissen, was man sagt, warum man was sagt und ob es wirklich so wahr ist. Es gibt Personen, die haben ein gutes Gedächtnis, aber vergessen dafür manchmal Sachen kurzzeitig, was gerade vor einer Minute passiert ist. Es gibt Personen, die haben nicht so ein gutes Gedächtnis in Bezug auf die Vergangenheit, aber merken sich gut die Sachen, die gerade passiert sind. Jede/r hat Stärken und Schwächen, aber wenn man mal in einer Notsituation ist, wäre ein gutes Gedächtnis von Vorteil. Als Beispiel nehmen wir mal an, dass wir mit Freunden und Bekannten in einer Villa feiern waren. Wir kannten nicht alle Personen, aber hatten Spass beim Feiern. Eine Freundin von mir lernte jemanden dort kennen und sie kamen sich näher. Irgendwann waren fast alle müde und gingen schlafen. Wer um welche Zeit schlafen ging, weiss ich aber nicht. Plötzlich hörte ich einen Schrei vom Balkon und das erste, was ich tue, ist es, zum Balkon zu rennen. Zum Balkon kamen gerade mehrere Personen gerannt und wir trauten unseren Augen kaum, warum der Schrei kam.

Was wir gesehen hatten war, dass unsere Freundin vom 2. Stock gestürzt war. Ich rief sofort den Krankenwagen an. Sie blutete, aber lebte noch. Das geschah bereits vor 2 Wochen und wir alle wurden schon befragt, wie es dazu kam. Denn seit 2 Wochen liegt sie im Koma. Die Frage ist, ist sie selbst gesprungen oder hat sie jemand runtergeschubst? Wir sind fest überzeugt, dass sie nicht selbst runtersprang. In so einer Situation ist ein gutes Gedächtnis wichtig, um zu erzählen, um welche Zeit man wo und mit wem war und was man gemacht hat. Ansonsten wäre Beobachtung und Bemerkungen von Vorteil. Wie man bereits weiss, darf man nie Vorurteile haben, aber bei solchen Fällen kann man fast nichts anderes, aber das nennt man Vermutungen. Denn jedes Detail kann weiterhelfen oder etwas bewegen und falls die Vermutungen nicht helfen, kann man das Gegenteil beweisen. Hier wäre die Antwort gerade, dass man sie zuletzt mit dem Typen von der Party gesehen hatte und das kann man auch nicht verleugnen. Was man aber nicht weiss, ist, ob es wirklich er war. Denn es gibt viele Situationen, wo man überrascht wird, dass es doch jemand war, von dem man es nie gedacht hätte und manchmal weiss man nicht mal, wer mit wem was zu tun hat. Deswegen, egal wo man hingeht, vertraut keinem sofort, wenn man die Person nicht gut kennt und kennt eure Grenzen.

Gibt es eigentlich Nachteile bei den Personen, die immer das letzte Wort haben müssen? Fehlerfrei ist natürlich niemand und man kann nicht immer fehlerfrei argumentieren. Was man aber tut, ist es, sich zu entschuldigen, wenn man mal etwas gesagt hat, dass nicht stimmt. Ansonsten mag man entweder solche Personen oder auch nicht. Es gibt auch Personen, die es anstrengend finden, wenn jemand immer zurückargumentiert, aber das ist das gute Recht von uns allen, dass man zurückargumentieren darf. Wenn jede/r uns mag, dann ist es echt schön, aber man interessiert sich eigentlich gar nicht dafür, ob man gut ankommt oder nicht. Hauptsache man geht mit allen respektvoll und ehrlich um. Kommt es nicht arrogant rüber, wenn man gut beim Argumentieren ist? Es kann sein, dass es für manche arrogant rüberkommt, aber man ist nicht arrogant. Man hat einfach nur ein gesundes Selbstbewusstsein und das verwechseln halt leider einige. Ein gesundes Selbstbewusstsein würde allen ein bisschen gut tun und wenn man unzufrieden mit sich selbst ist, dann sollte man sich zuerst mal fragen, warum und was man ändern kann. Man kann im Leben etwas ändern, z.b. sich ein Hobby suchen, das Hobby zum Beruf machen, mehr lesen, sich weiterbilden, mehr Sport treiben, Sachen ausprobieren usw. Es gibt mehr als genügend Auswahl.

Wie sieht es eigentlich mit der Partnerauswahl aus, wenn man immer zurückgibt? Auch in einer Beziehung kann es man manchmal echt anstrengend sein, wenn man bei einem Streit oder auch sonst immer, etwas sagen muss. Die Nachteile sind hier, dass der Partner oder Partnerin es sehr anstrengend findet, auch wenn er/sie weiss, dass man Recht hat. Denn man lebt in einer Beziehung oder Ehe zusammen und erlebt es öfters. Was kann man dagegen machen? Nichts. Ich z.B. habe meinen Mann sogar gewarnt, dass es so sein wird, bevor wir eine Beziehung angefangen hatten und so lernt man mich auch kennen. Ansonsten gibt es fast nur Vorteile. Denn bei einer ehrlichen und respektvollen Person hat man 0 Zweifel dass man hintergangen wird. Ist es denn auch so? Dass man nie jemanden hintergehen wird? Man sagt, sag niemals nie. Dieser Spruch stimmt zwar, aber es hat Grenzen. Es gibt Sachen, wo man sagen kann, das werde ich nie im Leben tun. Das sind natürlich Sachen, die jemandem oder den Mitmenschen extrem schadet. Wie sieht es aber mit Sachen aus wie den Partner betrügen? Bevor man so etwas macht, sollte man sich ernsthaft fragen, was für eine Zukunft man haben wird, denn wer einmal betrügt, betrügt immer. Meistens ist es halt so und bevor man so etwas macht, redet man darüber oder führt besser eine offene Beziehung.

Jetzt mal alles zusammengefasst, eine Person die gut argumentieren kann, ist ehrlich und redet nicht viel wie ein Papagei. Es kann zurückhaltend vorkommen, denn logischerweise öffnet sich nicht jede/r beim ersten Treffen. Ich z.B. werde öfters so eingeschätzt: „Du redest nicht sehr viel wie viele, aber auch nicht wenig. Dennoch bist du aber nicht schüchtern und redest dafür am lautesten,,. Man muss nicht immer reden. Denn man muss auch nicht immer den Senf zu jedem Thema geben und man kann nicht immer zu jedem Thema eine Meinung haben, denn wenn man sich mit einem Thema nicht auskennt, sagt man lieber nichts dazu. Wenn man etwas sagen möchte, dann fragt man nach und informiert sich. Ansonsten streut Liebe und keinen Hass. Jede/r soll so leben, wie man es möchte und solange es niemandem schadet, kann man machen, worauf man Lust hat.